JUSTIÇA
ALÉM DA VIDA

Justiça além da vida
Copyright by © Petit Editora e Distribuidora Ltda., 2001
16-02-21-2.000-55.500

Direção editorial: **Ronaldo A. Sperdutti**
Capa: **Media Eyes | Comunicação integrada Júlia Machado**
Imagens da capa: **Corgarashu | Shutterstock**
Projeto gráfico e editoração: **Estúdio Design do Livro**
Revisão: **Tatiana Gregório**
Maria Aiko Nishijima
Katycia Nunes
Impressão: **PlenaPrint**

Dados Internacionais de Catalogação na Publicação (CIP)
(Câmara Brasileira do Livro, SP, Brasil)

Lucca, José Carlos De.
  Justiça além da vida / José Carlos De Lucca. – São Paulo : Petit, 2001.

  ISBN 978-85-7253-076-7

  1. Espiritismo 2. Romance brasileiro I. Título.

01-3288   CDD: 133.9

Índice para catálogo sistemático:
1. Romance espírita   133.9

Direitos autorais reservados.
É proibida a reprodução total ou parcial, de qualquer forma
ou por qualquer meio, salvo com autorização da Editora.
(Lei nº 9.610, de 19 de fevereiro de 1998)
Traduções somente com autorização por escrito da Editora.
Impresso no Brasil.

Prezado(a) leitor(a),
Caso encontre neste livro alguma parte que acredita que vai interessar ou mesmo ajudar outras pessoas e decida distribuí-la por meio da internet ou outro meio, nunca deixe de mencionar a fonte, pois assim estará preservando os direitos do autor e, consequentemente, contribuindo para uma ótima divulgação do livro.

JUSTIÇA
ALÉM DA VIDA

ROMANCE ESPÍRITA DE
JOSÉ CARLOS DE LUCCA

editora

Av. Porto Ferreira, 1031 - Parque Iracema
CEP 15809-020 - Catanduva-SP
17 3531.4444
www.petit.com.br | petit@petit.com.br
www.boanova.net | boanova@boanova.net

Livros do autor José Carlos De Lucca:

- *Sem Medo de Ser Feliz*
- *Justiça Além da Vida*
- *Para o Dia Nascer Feliz*
- *Com os Olhos do Coração*
- *Olho Mágico*
- *Atitudes para Vencer*
- *Força Espiritual*
- *Vale a Pena Amar*

Veja mais informações sobre o autor no *site*:
www.jcdelucca.com.br

O autor cedeu os direitos autorais deste livro à Rede Boa Nova de Rádio e Televisão, emissora da Fundação Espírita André Luiz.

"Sempre recebi os elogios como incentivos dos amigos para que eu venha a ser o que tenho consciência do que ainda não sou."

CHICO XAVIER

AGRADECIMENTOS

À minha mãe, que me ensinou as primeiras lições de amor e justiça. Receba, mãezinha, meu abraço de eterna gratidão, onde você estiver.

À minha companheira Cristina, cujo incentivo foi decisivo para que este livro viesse à luz.

Aos meus filhos Tarcísio e Thales, que possam trilhar o caminho da paz e da justiça.

Aos amigos que têm prestado indispensável apoio ao meu trabalho, especialmente: Débora Trova, Diva Beraldo, Afonso Moreira Júnior, Aziz Cury, Antonio Carlos Laferreira, Carlos Bacelli, Eliana e Wagner Baroni, José Ribas Peinado, Luis Fernando Nardelli, Maria do Carmo Bibancos, Pedro Franzoi e Silvana De Lucca Costa.

Ao amigo Divaldo Franco, que me ensinou a compreender que a maior honra do trabalhador é o próprio trabalho.

Ao irmão Chico Xavier, com quem venho aprendendo o Evangelho de Jesus, na teoria e na prática.

Aos benfeitores espirituais, que têm sido pacientes com as minhas fraquezas, a minha gratidão e a disposição de servir um pouco mais.

APRESENTAÇÃO

Era um sábado à tarde e o doutor José Carlos De Lucca estava numa sessão de autógrafos do seu livro *Sem medo de ser feliz*, na livraria da USE Intermunicipal de Guarulhos, no Internacional Shopping. Conversávamos animadamente quando fui surpreendido com o pedido para fazer a apresentação do seu novo livro. Tentei argumentar, dizendo que havia outras pessoas mais preparadas, porém ele insistiu e concordei. Recebi o original e comecei a lê-lo. Desde as primeiras linhas fiquei agradavelmente surpreso, pois o tema do livro é inusitado. Trata-se de um romance policial, mas a sua urdidura, a sua trama, é muito mais que uma novela policial e também jurídica. O doutor José Carlos De Lucca é juiz de Direito e professor universitário, por isso conhece perfeitamente o fórum, os ritos do direito, assim como as salas de aula das faculdades. Já temos aí os ingredientes para um excelente romance, mas o autor insere, também, os personagens invisíveis, os espíritos. Ocorre-nos, então, uma pergunta: os espíritos influem em nossa vida? Pergunta que Allan Kardec fez há quase um século e meio e cuja resposta foi: "muito mais do que supondes. Amiúde são eles que vos dirigem". De Lucca descerra a cortina vibratória que nos separa dos espíritos e assistimos à intensa atividade dos desencarnados sobre os encarnados, tanto a dos bons espíritos, que ajudam, estimulam, orientam, como a dos maus, que arrastam os desavisados para as suas armadilhas. Aprendemos com a narrativa fácil, solta, que a proteção divina está em toda parte, inclusive nos fóruns e nos presídios. É lógico que a bondade de Deus ampara todas as suas criaturas e coloca os seus guardiões em todas as partes, contudo surpreendeu-nos agradavelmente saber que até nos presídios existem espíritos protetores, atuando em nome de Deus. Mário, o menino pobre que sonhou ser delegado de polícia, alcançou o seu objetivo com sacrifícios imensos da sua mãe, que sustentava o lar com sucatas recolhidas nas ruas. Entretanto, ela não era apenas uma catadora de sucatas, ela possuía orgulho do que fazia para deixar a cidade mais limpa. O amor existente entre mãe e filho, pois o pai desencarnou quando o menino era pequeno, uniu o coração deles, e a vitória surgiu de forma natural. O primeiro emprego, depois de diplomado, foi um dilema entre o justo e o pragmático, entre o ético e o amoral, diante de uma situação de pobreza. Contudo, a formação moral do jovem advogado venceu e ele tomou a decisão certa, o que lhe custou o emprego. Os personagens parecem sair do papel e interagir conosco, tal a aura de humanidade e simplicidade com que se apresentam. Doutor Otaviano, professor da Faculdade de Direito e juiz de Instância Superior, com a sua sabedoria e bondade, conquista o leitor, mas tem, também, seu drama íntimo: a filha que não o aceita. Dona Lurdinha com os seus benzimentos e a sua bondade vai consertando vidas e alimentando estômagos desesperados de fome, porque ama. Sálvio, espírito amigo, é como um anjo da guarda na história. Há também o outro lado: Pitu. Um menor delinquente, violento e mau. De Lucca revela o modo de ação das trevas para enlear os encarnados. O envolvimento mental é sutil e penetrante, mas a vitória das trevas ocorre com a permissão dos encarnados, que se permitem enlear nos pensamentos dos invisíveis. Não conheço nenhum romance espírita que aborde o tema policial nem adentre o fórum. Na área jurídica, temos alguns livros sobre pena de morte, aborto, eutanásia, cremação. O maior clássico espírita é de um professor cubano, Fernando Ortiz, com o seu interessante *Filosofia penal dos espíritas*, mas o professor nem espírita era. Com De Lucca, vislumbramos um novo filão, pois o romance é o gênero de maior popularidade, que mais facilmente alcança o grande público. Sabendo disso, o autor não se limitou a escrever uma novela policial com ingredientes fantasmagóricos, mas verdadeiras lições de mediunidade, causa e efeito e até elementos doutrinários. É o tipo de romance que aprovamos e temos nos esforçado, sem a mesma competência, em escrever. Contudo, o fecho com uma mensagem aos juízes de direito, que

De Lucca coloca na boca de um dos personagens invisíveis, demonstra o seu amor à profissão e o seu respeito aos companheiros, o que lhe faculta adverti-los amorosamente. Oxalá muitos advogados e juízes venham a ler este livro, pois ele tem a mensagem que pode mudar a vida deles.

AMÍLCAR DEL CHIARO FILHO[1]
GUARULHOS, INÍCIO DO INVERNO DE 2001.

---

1. Amílcar Del Chiaro Filho é escritor e expositor espírita além de radialista e produtor na Rede Boa Nova de Rádio, emissora da Fundação Espírita André Luiz (Nota do Autor).

MENSAGEM

Meus amigos, Jesus nos abençoe hoje e sempre. O Amor de Deus estua em todos e em tudo, sempre. O ser em crescimento, hoje nos braços da Terra, que se oferece à semelhança de mãe, requer modificações. Tudo está se transformando e o homem não pode deixar de se modificar. A lição é do amor que saiu promovendo justiça diante da vida, onde muitos enganos se cometem porque o homem ainda se encontra preso nos carros da ilusão.

Meditem na leitura!

Solicitamos ao nosso companheiro de ideal cristão, Lameira de Andrade, a mensagem de apresentação que segue, formulando nossos votos de paz e profundo amor.

Bezerra de Menezes

> " ... Se a vossa Justiça não excedera dos escribas e fariseus, de modo nenhum entrareis no reino dos céus."
>
> Jesus (Mateus 5:20)

A visão obliterada devida aos grilhões das ilusões que o corpo impõe levou o homem a viver pautado no egoísmo, com visão exclusiva no ter, sem nenhuma preocupação com o ser – ser homem de bem neste mundo, que hoje pede e sofre transformações.

O mundo hodierno, sacudido em seus princípios e conceitos de longa data, relembra a mensagem de Jesus conclamando o homem a rever a justiça dos escribas e fariseus, que, atacados, devolviam a ofensa.

O mundo se prepara para transformações que devem iniciar em cada um de nós. Hoje, a lição é de fraternidade, de amor a si e ao próximo.

Amar-se. Amar os familiares. Amar os amigos, clientes, chefes e subordinados.

Amar os que nos ferem, apontando a outra face da moeda. Dizer a verdade, esclarecer sem ferir. Enfim, fraternidade, sempre! Como nos diz Bezerra de Menezes: "O Amor estua onde quer que estejamos", não bloqueia a justiça, antes, sim, possibilita reparos da alma, oferecendo-lhe o necessário reajuste por meio da educação do ser através da eternidade. Com amor e justiça na Terra, seremos os viajores da luz na direção dos céus.

Amigos leitores, muito há por compreender e realizar, por isso que o amor é, e sempre será, a estrada na qual há o respeito ao nosso próximo, sem o que jamais haverá justiça.

Hoje, sua vida, seu dia, seu minuto são marcos decisivos para o seu porvir. Faça paz ao seu redor com o seu modo de agir e será feliz logo mais.

Nosso amigo José Carlos De Lucca, sob a inspiração e análise de companheiros espirituais, em momentos de desprendimento do corpo, colocou no papel belas lições. São reflexões oportunas da ótica de Jesus e de Allan Kardec, o ilustre Codificador do Espiritismo, que poderão nos ajudar nas problemáticas do cotidiano, possibilitando a compreensão de que a justiça em nossa vida depende, sobretudo, de nós mesmos.

Com meu fraternal abraço,

LAMEIRA DE ANDRADE[2]

---

2. Mensagens recebidas pelo médium Antonio Carlos Laferreira (Toninho), da Fraternidade Cristo Redentor em São Paulo.
Pedro Lameira de Andrade é um dos grandes nomes do Espiritismo em São Paulo. Advogado, teólogo, conferencista de renome, foi eleito orador oficial da Federação Espírita do Estado de São Paulo. Dotado de um dinamismo invulgar, arrojado em seus conhecimentos e animado de um idealismo inquebrantável, Lameira de Andrade desencarnou em 1938 e, em seus cinquenta e oito anos de vida, distribuiu, em profusão, tudo aquilo que era patrimônio de seu espírito esclarecido e evangelizado (*Grandes vultos do Espiritismo*, Paulo Alves de Godoy Edições FEESP) (N.A.).

"O que necessariamente nos importa não é tanto a perfeição da lei em face do homem quanto a perfeição do homem em face da lei."

RUBENS ROMANELLI

O céu salpicado de estrelas testemunhava um momento significativo na vida de vários jovens. O vasto auditório, repleto de convidados, aguardava o início da cerimônia de formatura dos alunos da Faculdade de Direito. Depois de anos de estudo e dedicação, o curso estava concluído e os formandos conquistavam o diploma de bacharel em Direito. No semblante deles, um misto de alegria e expectativa. Alegres, porque haviam conquistado um diploma universitário, verdadeiro privilégio num país onde o analfabetismo ainda é gritante. Mas a alegria se misturava com a ansiedade, pois o diploma significava apenas uma porta de entrada num mundo ainda pouco conhecido por aqueles jovens. O que a vida reservaria a eles? Que caminhos percorreriam para cumprir o juramento de bem servir à justiça?

Nem todos, porém, guardavam as mesmas expectativas. Para alguns, as questões financeiras constituíam as primeiras preocupações. Podíamos ver em seus pensamentos apenas os cifrões, o sonho de uma causa milionária, um cliente rico, enfim, uma carreira de sucesso financeiro. Não temeriam fazer injustiças se isso fosse preciso para conquistar fama, poder e riqueza.

Em outros, contudo, notamos que as aspirações eram diversas. Desejosos de ver a justiça triunfar sobre a iniquidade, não mediriam esforços para aplicar, na prática, a lição aprendida nos bancos acadêmicos – de que a justiça era a ciência de dar a cada um o que é seu.

É nesse clima de emoção e de expectativas variadas que encontramos um dos formandos, o jovem Mário Rodrigues Gonçalves. Durante a longa cerimônia, no aguardo de ser chamado pare receber o diploma, Mário fez um rápido balanço de sua vida. Pensou como tinha sido difícil chegar até aquele momento. Vasculhou os arquivos da memória e, com facilidade, encontrou a infância vivida num bairro da periferia da cidade de São Paulo. Lembrou-se das dificuldades financeiras da família, dos dias em que a comida só dava para uma refeição, do tempo em que o único uniforme escolar tinha de durar o ano todo e ainda servir para o irmão mais novo no ano seguinte.

Mas essas dificuldades eram suavizadas pela harmoniosa convivência familiar. Mário era o primogênito e sentia-se muito importante em tomar conta de Pedro, o caçula. Seus pais trabalhavam recolhendo sucata na rua, e Mário, desde pequeno, tinha grandes responsabilidades na família. Na hora do jantar, o carinho da mãe amenizava a tristeza das panelas quase vazias. Lembrou, com lágrimas escorrendo-lhe pelo rosto, que por diversas vezes a refeição se limitava a um pedaço de pão velho. Mas nunca lhe faltou a assistência materna. Todas as noites, principalmente naquelas em que a comida era escassa, a família se reunia em uma improvisada mesa de refeição para rezar, agradecendo a Deus pela oportunidade do trabalho e pelo alimento.

Contudo, a vida familiar recebeu duro golpe. Mário se recordou de um dos dias mais tristes de sua existência: seu pai, Abel, faleceu, vítima de um misterioso homicídio, cuja autoria até hoje permanecia desconhecida. Lembrou-se de que a polícia se empenhou muito pouco em desvendar o assassínio. Questionado por familiares, o delegado chegou a dizer que aquele era um caso comum, rotineiro, e que a polícia tinha serviços mais importantes por fazer do que descobrir assassinos de pessoas sem qualificação. Essas palavras nunca mais saíram da lembrança de Mário. Talvez naquele momento estivesse nascendo a vocação para o Direito.

A cerimônia de formatura continuava no mesmo passo. Vários discursos, e Mário ainda teve tempo de rememorar como foi mais dura a vida depois da morte do pai. Teve de ir para a rua trabalhar com a mãe, enquanto Pedro ficava aos cuidados da vizinha. Jurava que um dia tudo seria diferente: iria estudar, teria um emprego melhor, ajudaria a família e, quiçá, um dia poderia trabalhar na polícia. Desvendaria casos misteriosos, prenderia criminosos, desmantelaria quadrilhas, enfim, trabalharia por uma polícia que não fizesse diferença entre ricos e pobres, poderosos e humildes.

Mário despertou do passado quando seu nome foi chamado para receber o diploma. Sentiu, porém, que o passado estava presente, pois as suas aspirações estavam, naquele dia, se tornando realidade. Sua mãe, Ana, que compareceu ao evento, derramava copiosas lágrimas por ver o filho receber o diploma. "Ele triunfou", pensava. No íntimo, gostaria de gritar a todos que Mário era seu filho, que havia vencido a fome e a miséria para se tornar um homem da lei.

Após a entrega dos diplomas, o mestre de cerimônias anunciou o discurso mais esperado da noite. Falaria o patrono da turma, o professor Otaviano Anthenor de Almeida, eminente magistrado e mestre dos mais admirados na faculdade. Assumindo a tribuna, seus cabelos esbranquiçados pelo tempo, a voz moderada, o olhar penetrante cativaram o auditório, que se pôs em total silêncio para ouvi-lo.

– Meus queridos alunos. Serei breve no discurso, pois tudo o que deveria lhes dizer já o fiz durante o nosso curso. Mas, não custa recordar que os senhores, a partir desta cerimônia, deixarão de ser alunos, aprendizes. Serão advogados, promotores, juízes, delegados de polícia. Todavia, urge não esquecer que a advocacia, a magistratura, a promotoria, a atividade policial não são um fim, mas um meio. A justiça é que é um fim, e isso jamais deve sair do pensamento dos senhores. Um advogado que não lute pela justiça, em todas as suas causas, não é digno da advocacia. Um juiz distante da justiça também não será digno da toga. Um promotor que não promova justiça de igual modo não honrará o seu ministério. Da mesma forma, o delegado de polícia que não investigue para descobrir a verdade de cada crime, por menor que seja a infração, também não vai cooperar para uma sociedade pacífica.

"Somos servos da Justiça, essa deusa de olhos vendados que não faz acepção de pessoas, que não se impressiona com ricos diante de pobres, que não se ajoelha perante os argumentos do governo em face das garantias fundamentais dos governados, que não vê supremacia do homem sobre a mulher, que não acha o religioso melhor do que o ateu. Já se professou que a justiça não tem cheiro, não tem cor, não tem partido, não tem preferências de raça, credo ou religião. Hoje assumimos o compromisso com essa deusa, que jamais abandonará a nossa consciência. O homem pode tentar enganar a justiça terrena, contudo jamais fugirá do tribunal de sua própria consciência. Desse severo tribunal ninguém escapa. Mais cedo ou mais tarde, a consciência culpada arderá em chamas de remorso e clamará pela reparação do erro praticado.

O mundo está sedento de justiça. Talvez, não de uma justiça formal, que se contente com o cumprimento da lei, ainda que sob o peso de tremendas desigualdades. Mas de uma justiça que vai além das aparências, que remove a desigualdade social, que procura ver os homens como irmãos e não como inimigos.

"Nunca se esqueçam de que a justiça começa muito próximo de nós. Ela se inicia no relacionamento doméstico, no convívio com os amigos, desenvolve-se na via pública, no trabalho, enfim, no cotidiano de cada um. Reza um adágio popular que todo mundo quer justiça, mas não em sua casa. Queremos um governo justo, mas não somos justos no governo da nossa casa. Desejamos políticos incorruptíveis, porém muitas vezes corrompemos os agentes da administração para que a lei não seja aplicada em nosso desfavor. Aspiramos por uma sociedade pacífica, mas não somos pacíficos no trânsito, na família e no trabalho. Sejamos, pois, justos não apenas quando estivermos no tribunal, mas também, e sobretudo, em cada ato de nossa vida. Só assim seremos homens dignos e merecedores do título de profissionais do Direito e da justiça. Sejam todos muito felizes."

As palavras do querido professor sensibilizaram todos os presentes e arrancaram aplausos calorosos e demorados da plateia. A cerimônia foi encerrada em clima de profunda emoção. As centenas de pessoas que se encontravam no grande auditório não se davam conta de que uma outra plateia também participava do evento. Diversas falanges espirituais superiores presenciavam o encontro, formulando votos para que os novos bacharéis compreendessem e pusessem em prática as inspiradas palavras do querido professor. Muitos projetos de trabalho conjunto estavam traçados. Benfeitores espirituais, vinculados às mais diversas ramificações religiosas do planeta, uniam-se, de mãos dadas, na esperança de que os novos bacharéis pudessem contribuir para aproximar a justiça do amor.

Próximo ao palco, em companhia de devotados amigos espirituais, também verificamos a presença de Abel, pai de Mário, gratificado com a conquista do filho, confiante de que ele seguiria o caminho do bem, pondo a inteligência a serviço da paz e da justiça.

"O poder fazer o mal não é triunfo,
pois só na justiça há vitória."

CAMÕES

Dois meses após a formatura, vamos encontrar Mário recebendo a credencial de advogado. Foi preciso submeter-se a rigoroso exame, mas o seu preparo durante a faculdade lhe proporcionara base suficiente para enfrentar a prova perante a Ordem dos Advogados.

Enviou o currículo a diversos escritórios, fez inúmeras entrevistas e acabou contratado por uma das melhores bancas de advocacia da cidade de São Paulo. No primeiro dia de trabalho, foi apresentado ao chefe do escritório, Romualdo, que lhe fez algumas observações:

– Doutor Mário, o senhor deve saber que nosso escritório é um dos mais conceituados na cidade.

– Eu bem sei, doutor Romualdo.

– Pois bem, esse prestígio se deve, em grande parte, ao tipo de clientela que temos. São grandes empresários, artistas, políticos, jogadores de futebol, enfim, gente de prestígio social. Eles têm problemas e dinheiro, ao contrário dos pobres, que só têm problemas. Por isso, aqui só trabalhamos com os primeiros, porque advogar para pobre é se tornar um deles. Sei que você vem de família humilde, mas aqui terá a sua oportunidade de enriquecer, de ter prestígio, de ser respeitado pela sociedade. Lembre de que o homem só tem valor quando tem dinheiro, quando tem poder. Por isso, na defesa de nossos clientes, empenhe todo o seu talento para obter o ganho de causa. Só a vitória nos interessa. Contudo, se talento e competência não forem suficientes, não hesite em lançar mão de todo e qualquer expediente para alcançar a vitória, pois os fins sempre justificam os meios.

Assombrado, Mário indagou:

— Mas doutor Romualdo, a que expedientes o senhor se refere?

— Ah, meu caro e ingênuo rapaz. Vê-se bem que a faculdade não lhe ensinou tudo.

— Impossível! – redarguiu Mário. — Tive os melhores mestres.

— Não creio. Diga-me o nome do melhor deles e eu mostrarei que você está enganado.

— Poderia citar vários, mas acredito que o senhor deva conhecer o doutor Otaviano Anthenor de Almeida.

— Claro que o conheço. De fato, é um homem ilustre, dedicado desembargador, mas um sonhador, um romântico da justiça. Na advocacia, jamais teria êxito. Posso até imaginar seu escritório repleto de maltrapilhos, de criminosos baratos, de prostitutas, de gente que nem tem onde cair morta.

— O senhor ainda não me esclareceu a respeito dos alegados expedientes...

— Pois bem, meu jovem bacharel. Aqui vai a segunda lição. No dia em que você perceber que não tem chances de obter ganho de causa com os argumentos jurídicos, os pareceres dos juristas, não se esqueça de que ainda lhe resta um recurso quase sempre infalível. Todo homem tem seu preço.

— E qual é esse preço?

— Você saberá, em breve.

Aquele diálogo deixou Mário completamente perturbado. Jamais poderia pensar que fosse ouvir o que ouviu de um dos mais famosos advogados da cidade. Depois de ter conhecido os demais colegas de trabalho, Mário deixou o escritório e tomou o rumo de casa. Seus pensamentos pareciam verdadeiro turbilhão. Sentia-se inquieto, com medo. Desejava correr para a faculdade e ouvir uma vez mais as lições do professor Otaviano.

Ao chegar em casa, sua mãe o aguardava ansiosa:

— Como foi, filho, o seu primeiro dia?

— Olha, mãe, foi meio estranho. O escritório é muito bonito, muitos clientes importantes, e acredito que poderei ter um bom futuro trabalhando com o doutor Romualdo. Só o achei muito ligado às questões do dinheiro. Para ele, o dinheiro é tudo, a razão de tudo. Não estou muito certo disso.

— Mas deve ter sido só a primeira impressão, filho. Com o tempo, você verá que ele deve ser um homem bom, pois do contrário não seria um dos melhores advogados de São Paulo.

– Queira Deus que a senhora esteja certa. Todavia, não posso negar que o dinheiro resolveria muitas das nossas dificuldades atuais. Ainda não temos casa própria e o dinheiro do aluguel pesa no orçamento. E agora a situação vai apertar, pois terei de pagar o crédito educativo, lembra?

– Sim, filho, como posso esquecer que foi com essa ajuda do governo que você conseguiu cursar a faculdade! Por isso, Mário, agarre esse emprego com todas as suas forças. A nossa sorte está em suas mãos. Agora, filho, vamos orar.

Na cozinha da pequena casa, Ana pronunciou sentida oração, fazendo Mário se recordar das antigas orações em família:

– Pai amoroso e bom. Nunca nos sentimos desamparados do seu Amor. Agora que as portas do mundo se abrem para nosso filho, permita que ele tenha sucesso, mas que esse sucesso não lhe custe a paz da consciência. Que ele seja próspero, mas que essa prosperidade não venha à custa da miséria alheia. Faça com que a justiça triunfe pelas mãos de meu filho, mas que ele sempre esteja com as mãos limpas e com o coração repleto de amor, pois só assim seremos verdadeiramente felizes. Que assim seja.

Uma onda de paz envolveu mãe e filho. A visão espiritual descortinava um orvalho tranquilizador caindo sobre os dois, dissipando temores, aliviando tensões. Ao lado deles, mais uma vez notamos a presença de Abel, ladeado por espíritos protetores do lar. Na verdade, todos se envolveram na oração, e Abel também orou pela felicidade do filho.

Por um instante, Mário se lembrou do pai com muita saudade. Pensou como seria bom se ele estivesse vivo, acompanhando esse momento tão importante de sua vida. Não podia imaginar, contudo, que o pai estava tão próximo.

"A força do direito deve superar o direito da força."

Rui Barbosa

Na semana seguinte, vamos encontrar Mário, ou melhor, o doutor Mário já integrado às tarefas do escritório. O local era amplo, a sala de trabalho, bem decorada, e a biblioteca, das mais completas que havia consultado. Vários funcionários se revezavam no atendimento aos advogados, como faxineiros, motoristas, secretárias, telefonistas, bibliotecárias e estagiários de Direito. Tudo ali cooperava para que os vinte advogados contratados oferecessem excelente prestação de serviços.

Romualdo supervisionava toda a rotina do escritório, desde a contratação dos funcionários até a distribuição dos casos aos advogados. Era o primeiro a chegar e o último a sair. Enquanto Mário examinava alguns documentos, Romualdo resolveu passar o primeiro caso ao novo advogado:

— Mário, vou lhe dar o primeiro processo que ficará sob a sua responsabilidade.

— Puxa, obrigado, já estava ansioso para começar. E do que se trata?

— É um caso relativamente simples, embora envolva muito dinheiro. Um dos nossos melhores clientes, o senhor Dantas, empresário da construção civil, enfrenta problemas incontornáveis no casamento e deseja o desquite.

— E a esposa? – perguntou Mário.

— A princípio, não concordou. Mas depois percebeu que não havia outra possibilidade, acabou aceitando a separação amigável.

— Doutor Romualdo, já que vou cuidar desse caso, poderia saber o motivo da separação?

— Você é muito curioso, rapaz. Deve ter estudado na faculdade que no processo de desquite amigável não se discutem os motivos da separação. Por isso, basta-lhe saber que o casal quer a separação e que você cuidará de elaborar a petição e apresentá-la ao juiz. Peça para a secretária ligar para o senhor Dantas e marcar um horário para você atendê-lo. Ele lhe trará a minuta da partilha dos bens. Lembre que ele é um cliente muito especial e não gosta que lhe façam muitas perguntas. Seja discreto, o que parece não ser o seu forte, e cuide do essencial.

Mário deixou a sala do chefe um tanto contrariado. Não passava na sua cabeça ter de tratar de um desquite e não poder saber o motivo pelo qual o casal estava se separando. No entanto, ordens são ordens. No dia seguinte, ele recebeu Dantas no escritório:

— Bom dia, senhor Dantas. Eu sou o doutor Mário, advogado responsável pelo seu caso. A propósito, sua esposa não veio?

— A presença dela não é importante. Ela está de acordo com a separação e com a divisão dos bens. Quero que você providencie o quanto antes os papéis do desquite. Aqui está a relação dos nossos bens e como será feita a partilha. Os filhos ficarão com a mãe.

— Desculpe-me a curiosidade, senhor Dantas, mas o senhor não acha que a separação poderia ser evitada? Pensou bem sobre o assunto? É meu dever tentar a conciliação do casal. Eu desconheço os motivos da separação, porém acredito que isso sempre traz consequências funestas para a família, mormente para os filhos. Alguém já disse que o casamento é um jogo muito especial: ou ambos ganham ou perdem os dois.

— Isso não lhe diz respeito, rapaz. Estou pagando um advogado, não um psicanalista. Se quisesse um, não viria aqui. Se quisesse um padre, iria à igreja. Trate, por favor, da minha separação, o quanto antes.

— Desculpe, senhor Dantas, só estava cumprindo o meu dever profissional.

— Cumprirá se aprontar logo os papéis — respondeu Dantas, secamente.

— Está bem. Vou preparar a petição. Assim que tudo estiver pronto, vamos dar entrada no fórum.

O cliente se despediu sem esboçar nenhum gesto de simpatia. Mário passou a analisar os papéis e deparou com o plano de divisão dos bens. Espantou-se com o patrimônio do casal. Jamais havia conhecido uma pessoa com tanto dinheiro. Eram diversas casas, apartamentos, automóveis, empresas, joias, obras de arte, enfim, um patrimônio avaliado em milhões de reais. Contudo, o que mais lhe chamou a atenção foi a divisão dos bens. A maior parte ficaria com o marido. A esposa, Beatriz, receberia apenas uma casa avaliada em pouco mais de cem mil reais. E ainda havia renunciado à pensão alimentícia. Estranhando o fato, Mário resolveu conversar com o chefe:

– Doutor Romualdo, estive analisando a partilha de bens do senhor Dantas e fiquei impressionado com o patrimônio do casal. Achei curioso que tantos bens não tenham trazido felicidade conjugal aos dois. Mas, o que mais me intrigou foi o conteúdo da partilha: tudo para o senhor Dantas e quase nada para a mulher.

– É a vontade do casal e nada nos compete fazer senão levar essa partilha ao juiz. As partes são maiores e capazes e podem dispor de seus bens da forma que lhes aprouver.

– Mas o senhor chegou a conversar com a dona Beatriz? – redarguiu Mário, irrequieto.

– Só por telefone. Ela confirmou o propósito da separação e disse que estaria de acordo com a divisão dos bens a ser feita pelo marido.

– Mas isso é muito pouco – argumentou Mário. – Que motivos teria essa mulher para renunciar a tamanho patrimônio? Eu preciso conversar com ela, perguntar os motivos da separação, indagar se ela efetivamente concorda com a absurda partilha apresentada pelo marido.

— De forma alguma, rapaz! — respondeu Romualdo, irritado. — Você está indo longe demais. Já lhe disse e vou repetir: o casal deseja a separação amigável e estão de acordo com a partilha. É isso o que importa. Se não quiser pegar o caso, passarei a outro advogado.

— Desculpe, doutor Romualdo, eu só estava tentando entender o caso.

— Está bem, meu jovem. Para satisfazer a sua curiosidade, vou lhe contar um segredo que o fará compreender muita coisa. Esse segredo, porém, deverá ficar entre nós, nem o Dantas pode saber que você conhece o verdadeiro motivo da separação. Se ele descobrir, vamos perder um dos melhores clientes do escritório.

— Pode confiar, doutor Romualdo.

— Pois bem. O casal vivia muito feliz, o Dantas era um homem alegre, adorava a vida de casado, embora vinte anos mais velho que a esposa. Quando se casaram, Beatriz era muito rica, e boa parte desse patrimônio foi ela quem levou ao casamento. Mas, os bens se multiplicaram graças ao trabalho do Dantas, um homem dinâmico e empreendedor. A mulher é artista plástica, de pouca expressão. O que ganha nem paga os materiais utilizados em suas obras. Já o Dantas trabalha como um louco; para ele não tem sábado, domingo ou feriado. Certo dia, porém, ele recebeu uma carta anônima dizendo que Beatriz o traía com um dos diretores da construtora. Angustiado com a notícia, Dantas contratou um detetive particular para averiguar a informação. Jamais poderia acreditar na infidelidade da esposa.

Para seu desgosto, no entanto, o adultério de Beatriz se comprovou. O marido entrou em desespero, principalmente quando ouviu da própria mulher a confirmação da traição.

"Arrasado, ele exigiu a pronta separação judicial. Beatriz tentou evitar, pediu uma nova oportunidade, mas Dantas estava irredutível. Queria a separação, de preferência pela via amigável, a fim de evitar maiores comentários e desgastes. Beatriz não teve alternativa e concordou com o pedido. Essa é a verdadeira história" – finalizou Romualdo.

– E a partilha tão desproporcional? – perguntou o percuciente advogado.

– Ora, doutor, não acha justo que Beatriz seja punida pelo adultério? Por acaso não concorda que ela sofra as consequências de seu hediondo crime? O doutor considera justo a adúltera ficar com a metade do patrimônio do casal? É por essa razão que a partilha contempla a maioria dos bens àquele que foi traído, humilhado, desonrado. É uma forma de compensar os malefícios do ato praticado pela mulher. Não acha justo?

– Não tenho bem certeza – considerou Mário. – É claro que Beatriz pode renunciar aos bens que lhe competem, mas por lei ela tem direito à metade do patrimônio do casal, independentemente de ter dado causa à separação.

– A lei nem sempre é justa, doutor Mário. E, além do mais, não esqueça que o cliente que nos paga é o Dantas. E nos paga muito bem para ficarmos preocupados com sua mulher, por sinal uma adúltera desprezível.

– Todavia, perante o tribunal, nós também seremos advogados de Beatriz! Não podemos advogar contra seus interesses pessoais. Será que ela está de acordo com essa partilha maluca? Como vamos justificar perante o tribunal tamanho disparate na divisão dos bens? – observou Mário.

– Ora, doutor Mário – respondeu Romualdo, irônico – deixe o tribunal de lado. Se quiser vencer na advocacia, abandone essas questões de consciência, pois o tribunal não paga as suas contas, não paga o aluguel, nem o crédito educativo. Mas os honorários do Dantas...

Mário estava confuso. O adultério de Beatriz foi-lhe uma surpresa. Pensava como ela podia ter mandado seu casamento por água abaixo. De qualquer forma, teria poucas chances de investigar detalhes da separação. Alimentava, contudo, certa dúvida a respeito da lisura da partilha. Será que Beatriz estaria de acordo com a divisão imposta pelo marido? Enquanto lançava perguntas no ar, Mário não percebeu que alguém de outra dimensão se aproximava. Era Sálvio, seu protetor espiritual, trazendo-lhe energias renovadoras e intuindo-o a convidar Dantas e Beatriz para uma reunião no escritório.

Sem notar a influência benéfica de Sálvio, o jovem advogado acreditou ter tido uma ideia brilhante: convidaria o casal a comparecer no escritório para uma reunião preparatória da separação.

35

"Oh! Quanto me pesa este coração,
que é de pedra."

CECÍLIA MEIRELLES

No dia imediato, Dantas foi informado de que os papéis da separação estavam prontos e que Mário desejava conversar com o casal. Contrariado com a insistência do advogado, Dantas, por telefone, conversou com Romualdo:

— Não sei o que esse seu advogado quer falar com Beatriz. Você por acaso contou a ele a verdade? – perguntou Dantas, preocupado.

— De forma alguma – respondeu Romualdo. – Nosso segredo continua guardado a sete chaves. O fato é que Mário é um advogado jovem, recém-formado, e quer fazer as coisas conforme manda o figurino. Ele não está errado em pretender conversar com Beatriz. Contudo, fique tranquilo: essa intenção não passa de mera curiosidade. Pode trazê-la que não haverá problema. Mário é curioso, porém muito ingênuo. Fique sossegado.

Horas depois, Dantas e Beatriz estavam no escritório de advocacia. Ao recebê-los, Mário logo notou a beleza de Beatriz, mulher de traços finos, gestos elegantes, visual discreto, atraente sem ser vulgar. A sensibilidade de Mário não deixou de registrar, porém, uma certa angústia e sofrimento no olhar da esposa de Dantas. "Como essa mulher, que se afigura tão meiga e pura, foi capaz de trair o marido?", era o pensamento que não escapava de Mário. Foi obrigado a concordar com Oscar Wilde, quando este escreveu que as mulheres são feitas para serem amadas, não para serem compreendidas.

— Por favor, sentem-se. É um prazer revê-lo, senhor Dantas. E um prazer conhecê-la, dona Beatriz.

— Muito obrigada, doutor Mário — respondeu, gentilmente, a esposa de Dantas.

— Aqui está o pedido de desquite que apresentaremos ao juiz, incluída a partilha dos bens. Gostaria que vocês lessem atentamente os documentos, agora.

Enquanto o casal examinava os papéis, Mário olhava friamente para os dois e estabelecia comparações inevitáveis. Ele notava que Dantas era bem mais velho que a mulher e que seus óculos antigos acentuavam a diferença de idade. Cabelos despenteados, barba por fazer, barriga para fora da calça. Não era um homem atraente, pensava Mário, sobretudo por seu jeito mal-humorado e truculento. Já Beatriz era uma princesa, e talvez por isso tenha acabado se apaixonando por outro homem, eram as rápidas conclusões do advogado.

Terminada a leitura, Mário dirigiu-se a cada um dos cônjuges:

— Senhor Dantas, concorda com tudo o que está escrito na petição?

— Sim, já lhe disse que sim.

— E a senhora, dona Beatriz, o que me diz?

Um silêncio profundo tomou conta da sala. Beatriz estava cabisbaixa, como alguém que estivesse procurando encontrar forças para responder à indagação do advogado. Duas pequenas lágrimas desciam pelo formoso rosto e a voz estava completamente embargada pela profunda emoção que a dominava. Ela se recordou de todos os maravilhosos momentos que passara ao lado do marido e não queria acreditar que tudo estava no fim. Sensibilizado, o advogado renovou-lhe a pergunta:

— A senhora está de acordo com a separação?

Beatriz olhou para o marido, como a lhe implorar que desistisse da ideia. Não obstante a súplica velada, Dantas desviou o olhar da mulher, dando a entender que a separação era inevitável. Beatriz suspirou alto e voltou-se para o advogado:

— Não tenho outra saída, doutor. Preciso concordar com a separação, pois é o desejo de meu marido.

— Em relação à partilha, a senhora também está de acordo com os seus termos? Está ciente de que ficará apenas com uma casa?

— Que me importam esses bens, doutor, se perderei o meu maior tesouro...? Que me importam carros, joias, obras de arte, se não terei ao meu lado o homem que amo? Ficarei apenas com o suficiente para viver, ainda que modestamente.

A frieza de Dantas também não durou muito. Ao ouvir Beatriz falar com tamanha emoção, chorou qual menino perdido na rua. A emoção dominou-o, e eis que aquela fortaleza desmoronou com um desabafo:

— Mais do que ninguém eu lutei por seu amor, Beatriz. Mas o destino não quis que me tornasse o seu verdadeiro homem. Minha vida não terá mais sentido e os diversos bens com os quais ficarei jamais serão capazes de levantar o meu coração, de curar as minhas feridas, de me fazer voltar a ser feliz.

Mário não resistiu à emoção que tomava conta de todos e dirigiu um veemente apelo ao casal.

— Será que esse amor não é capaz de apagar as diferenças entre vocês? Porventura não é conveniente deixar que o tempo cicatrize as feridas e tudo volte ao normal?

— Não, doutor — respondeu Dantas. — A separação é o único remédio capaz de resolver meu problema.

A pouco e pouco, os prantos diminuíram, mas não o suficiente para que Romualdo, entrando de surpresa na sala, deixasse de notar o estado do casal. Mesmo percebendo o clima desagradável, dirigiu insensíveis palavras ao marido, piorando as coisas:

— Que é isso, Dantas? Homem não chora. Milhares de casais se separam todos os dias e vocês não serão os primeiros, nem os últimos, para alegria dos advogados. E, afinal de contas, você ficará com um patrimônio invejável. Raros são os maridos que se separam e ainda preservam seus bens.

A insensibilidade de Romualdo feriu a todos os presentes. Para desfazer o mal-estar, Mário encerrou a reunião e convocou o casal para a audiência com o juiz, que aconteceria em três dias.

"Para ser grande, sê inteiro.
Nada teu exagera ou exclui.
Sê todo em cada coisa.
Põe quanto és no mínimo que fazes."

FERNANDO PESSOA

No dia seguinte, Mário chegou ao escritório sem conseguir esquecer a tocante cena do dia anterior. No seu íntimo, acreditava que a separação não era a solução. Por maiores que fossem as divergências entre o casal, percebia-se, a olhos vistos, que os dois ainda se amavam profundamente. Mário também não tinha dúvidas de que Beatriz, apesar da traição, continuava amando o marido. Em meio àqueles pensamentos, Mário se perguntava se ainda haveria alguma coisa a fazer para tentar impedir a separação. Questionava a sua condição de advogado, pois tinha claro que a separação traria lucros ao escritório, mas evidentes prejuízos às partes. "Será que algo ainda pode ser feito?", refletia. Olhou para a mesa e resolveu consultar o código de ética profissional. Auxiliado pelas mãos invisíveis de Sálvio, Mário abriu o livro no capítulo que trata dos deveres do advogado, dentre os quais teve o feliz e rápido ensejo de encontrar: "é dever do advogado estimular a conciliação entre os litigantes, prevenindo, sempre que possível, a instauração de litígios". Diante da leitura, sentiu-se impelido a insistir na conciliação. "Mas como?", indagava-se. De novo assistido por Sálvio, Mário teve a ideia de procurar Beatriz para conversar, agora sem a presença do marido. Contudo, ninguém poderia saber de sua intenção, nem Dantas e muito menos Romualdo. Por isso, no mesmo instante pegou o telefone e ligou para a residência do casal. Felizmente, do outro lado da linha atendeu dona Beatriz:

— Bom dia, dona Beatriz, aqui é o doutor Mário.

— Bom dia, doutor. Meu marido não está. O senhor poderá encontrá-lo na construtora.

— Não, dona Beatriz, eu gostaria de conversar é com a senhora mesmo.

— Algum problema com a separação?

— Aparentemente, não. Tudo parece em ordem e a audiência está confirmada para depois de amanhã. É que ando pensando muito no seu caso e confesso que não estou convicto de que a separação seja realmente a solução. Como advogado, devo tentar impedir a separação e só propor o pedido de desquite ao juiz quando todas as possibilidades de acordo estiverem esgotadas.

— Eu agradeço por sua atenção, mas você deveria primeiro convencer o Dantas. Eu já estou cansada desse assunto, já tentei de tudo. Acho que a separação é mesmo inevitável.

— Mas eu ainda gostaria de tentar mais um pouco, dona Beatriz. Dê-me uma chance, por favor.

— Ora, doutor Mário, procure a sua chance com meu marido.

— Eu o farei, se a senhora consentir e me ajudar.

— Você pode fazer o que bem entender, mas sinto que não posso ajudar em nada.

— Eu acredito que pode.

— Como?

— Poderá me ajudar se me der detalhes que até agora desconheço. Gostaria de ouvi-la a respeito dos motivos da separação.

— Isso é muito delicado, ainda mais quando se fala por telefone.

— Podemos nos encontrar pessoalmente?

— Acho perigoso. Dantas ainda continua muito ciumento e não deixa de vigiar meus passos.

— Diga-me a que local a senhora costuma ir sem despertar curiosidades?

— Vou à igreja com frequência. Toda semana costumo orar na Capela de São Francisco, aqui perto de casa.

— Pois bem, vamos nos encontrar lá, ainda hoje. Eu conheço o local. Não temos tempo a perder. Às três da tarde eu a encontro na igreja, está bem?

— Estou com medo, mas vou tentar.

Mário desligou o telefone com reacendidas esperanças. De certa forma, também estava nervoso. Ninguém poderia saber daquele encontro. Por volta das duas horas da tarde, Mário deixou o escritório para encontrar-se com Beatriz. Informou à secretária que voltaria somente no fim da tarde, pois tinha muitos processos a examinar no fórum.

43

> "Nunca diga a Deus que você
> tem um grande problema.
> Diga ao seu problema que você
> tem um grande Deus."
>
> ANÔNIMO

B eatriz chegou quinze minutos antes do horário combinado. Aproveitaria para rezar, pedir aos céus que abrissem um caminho para seu caso aparentemente insolúvel. Lembrou-se de que havia se casado naquela mesma igreja. Fora uma cerimônia inesquecível, o padre proferiu um sermão apaixonante, o coral parecia integrado por anjos e os convidados eram amigos sinceros vibrando pela felicidade do casal. Jamais poderia imaginar que um dia estaria aos pés daquele mesmo altar a suplicar pela salvação de seu casamento, hoje à beira da falência.

Pronunciando sentida oração, invocou a proteção do alto, pedindo força e coragem para transpor aquele obstáculo tão cruel, bem como sabedoria para que o advogado conseguisse encontrar alguma saída para o impasse. Como não há pedido sem resposta, uma onda de luz cristalina se derramou sobre Beatriz, a incutir-lhe ânimo e coragem para superar as dificuldades. Beatriz sentiu no peito uma onda de paz a tranquilizar-lhe o coração aflito. Ao seu lado, na dimensão que os olhos do mundo físico não conseguem ver, notamos a presença do irmão Antônio, dedicado tarefeiro do bem, que na última encarnação viveu como frade franciscano e que agora se dedicava a socorrer todos os aflitos que procuravam amparo na Capela de São Francisco. Irmão Antônio transmitiu a Beatriz energias renovadoras e infundiu-lhe, pelo pensamento, palavras de encorajamento e confiança em Deus.

Mário chegou à capela e sentou-se bem próximo da cliente. Ela, mergulhada nas benesses da oração, nem se deu conta da chegada do advogado. Ele aguardou que Beatriz terminasse as preces, ao mesmo tempo em que aproveitou o ensejo para fazer as suas, rogando a Deus que o protegesse naquele caso. Sálvio estava ao seu lado, dispensando-lhe a assistência necessária para a conversação que logo mais se desenvolveria. Foi, contudo, interessante notar o diálogo que se estabeleceu entre Sálvio e irmão Antônio. Os dois mensageiros, após saudação fraternal, trocaram impressões a respeito do trabalho de assistência espiritual.

– *Caro irmão Antônio. Deus seja louvado. Agradeço por seu empenho em ajudar nossa irmã Beatriz.*

– *Ora, Sálvio, estou aqui para isso. Há mais de trinta anos trabalho nesta capela, a fim de minimizar as dores de todos os que procuram este pedacinho do céu.*

— Coopera sozinho?

— Não. Embora seja o responsável pela assistência, não raro conto com a ajuda valiosa de outros amigos espirituais, principalmente nos dias em que a igreja recebe um maior número de fiéis. Todos os que aqui comparecem obtêm alguma assistência. Ninguém sai sem o amparo celeste. Desde os mais devotos até aqueles que vêm apenas para dormir ou curar bebedeira, ninguém sai sem o amparo divino.

— Que tipo de assistência se presta? — indagou Sálvio, curioso.

— Bem, a mais ampla possível. Em regra, atuamos como médicos em pronto-socorro, atendendo às necessidades mais urgentes. Muitos aqui se apresentam em situação de extremo desespero. Então, transmitimos energias tranquilizadoras e pensamentos de paz e serenidade. Aos que estão à beira do suicídio, aplicamos energias sedativas e transmitimos pensamentos de coragem e confiança em Deus. Alguns chegam a dormir nos bancos da igreja, e aproveitamos o ensejo desse breve momento para conversar mais diretamente com esses irmãos, dando-lhes conhecimento de que o suicídio é medida amarga e ineficaz à solução de seus problemas, ao mesmo tempo em que apresentamos palavras de otimismo e esperança.

— É interessante — disse Sálvio. — E durante a celebração da missa?

— O trabalho é ainda maior — argumentou o frade. — Recebemos diversos companheiros que atuam nos mais diferentes campos: uns cooperam com o padre celebrante, a fim de que ele tenha a inspiração necessária para direcionar a palavra evangélica às necessidades reais dos fiéis. O povo quer esclarecimentos, quer consolação, tem fome não só do pão que sustenta o corpo, mas sobretudo do pão que sacia a fome espiritual. A mesma aflição que fez uma multidão de homens procurar Jesus ainda acompanha o ser humano carente das verdades espirituais. Por isso, procuramos inspirar os sacerdotes a imitar aquele que é nosso modelo e guia. Outro grupo de tarefeiros atua diretamente com o público. Durante o sermão, trabalham para que as pessoas consigam captar a mensagem, porque não adianta ter um sacerdote inspirado se as pessoas não estiverem com "ouvidos de ouvir". Alguns outros ficam encarregados de anotar os pedidos formulados em favor dos enfermos, e, após o término da missa, diversas equipes se organizam para a visitação aos doentes, estejam eles nos lares ou nos hospitais.

— Desculpe-me a curiosidade, irmão Antônio, mas como procedem nos casos de obsessão, ou seja, quando a pessoa está sendo influenciada por um espírito ignorante?

— Ah, isso é muito frequente. Nesses casos, conversamos com a entidade obsessora e procuramos esclarecê-la. Se é alguém que faleceu e ignora seu estado, procuramos informá-lo de sua nova condição e encaminhá-lo para colônias apropriadas. Nem sempre isso ocorre em nossa primeira intervenção. Às vezes, são necessários vários diálogos. Mas, há situações em que nosso concurso é inútil, pois a pessoa que sofre a influência espiritual também precisa alterar as condutas mental e moral. Não adianta esclarecer o espírito obsessor se o encarnado continua com as tendências negativas que atraíram a obsessão.

— E como atuam nesses casos?

— Quando a nossa cooperação se mostra ineficaz, orientamos a pessoa a buscar auxílio em algum centro espírita, a fim de que tanto ela como o espírito possam ser mais bem esclarecidos a respeito da realidade da vida e da morte.

— O irmão, tendo sido sacerdote na última encarnação, como se sente inspirando um fiel a procurar um centro espírita?

— Sem nenhum drama de consciência. Eu continuo católico, mas isso não significa que o Catolicismo seja melhor do que o Espiritismo e vice-versa. Todos os caminhos levam a Deus, todas as religiões são boas, por isso cada um tem o direito de seguir o caminho que melhor o ajudar a encontrar-se consigo mesmo e com Deus. É assim que trabalhamos nesta casa. Sem dogmas, sem preconceitos, tentando imitar Jesus.

— É um belíssimo trabalho — disse Sálvio.

— Somos muito felizes por trabalharmos para Jesus. Não estamos aqui em tarefas de sacrifício. Trabalhamos com alegria e com muita honra.

— E a nossa irmã Beatriz? Têm acompanhado o drama dela?

— Sim, nossa companheira aqui tem vindo com muita frequência. Temos transmitido a ela pensamentos de calma e esperança. Quando seu tutelado chegou, pudemos sentir que ele está em condições de ajudar o casal Dantas.

— É verdade, irmão Antônio. O nosso Mário, advogado ainda inexperiente, poderá ser um instrumento valioso para a harmonização do casal.

— Sentimos que sim. Deus abre estradas onde o mundo não tem caminhos. Ninguém está ao desamparo, e a ajuda do

Pai sempre nos chega na hora necessária. Nem sempre, é verdade, da forma como aguardamos, quase nunca pelas pessoas que esperamos. No entanto, a proteção divina nos alcança no momento oportuno, da forma necessária e por meio das pessoas certas. Vamos vibrar para que o melhor suceda.

> "Ser sempre verdadeiro, sincero e lógico."
>
> DOS MANDAMENTOS DO ADVOGADO

Já desperta do êxtase proporcionado pela prece, Beatriz se surpreendeu com o fato de Mário estar sentado ao seu lado:

— Doutor Mário! Nem notei o senhor chegar...

— Não se preocupe, dona Beatriz. Eu aproveitei o seu recolhimento para também fazer as minhas orações. Há tempos que não rezo, e confesso que isso não é bom. Esse corre-corre, a agitação do dia a dia não favorecem a oração. Mas não deveria ser assim, porque, se temos tempo para outras coisas, nem sempre tão importantes, deveríamos também guardar uns minutinhos para as nossas orações. A senhora não concorda? – perguntou o advogado.

— Concordo com o senhor – respondeu amavelmente Beatriz. – Em regra, nós só oramos nos momentos de aflição e assim esquecemos que a prece também é um momento de agradecimento.

— É verdade — assentiu Mário. — Eu mesmo tenho muito a agradecer a Deus. Tive uma vida muito difícil e Deus nunca me faltou. Na hora exata, o amparo sempre chegava. No entanto, nós temos o péssimo hábito de apenas olhar o que nos falta, nunca o que nos sobra. E não damos valor a coisas básicas, como, por exemplo, o ar que respiramos, o sol que nos aquece, o alimento que nos sustenta e o trabalho que nos dignifica.

— De fato, temos muito a agradecer — falou Beatriz, encerrando o assunto.

Pretendendo dar um novo rumo ao diálogo, o advogado, um tanto sem jeito, perguntou:

— Dona Beatriz, por favor, a senhora poderia me contar o motivo da separação?

— Bem, não sei se devo — respondeu Beatriz, insegura.

— Olha, dona Beatriz — falou incisivamente Mário — eu sou seu advogado, portanto preciso conhecer, ainda que sem muitos detalhes, a razão que levou o casal a procurar a separação. Talvez a senhora esteja um tanto constrangida, mas, por favor, sinta-se à vontade para contar tudo o que for preciso. Lembre de que o advogado assemelha-se a um sacerdote no instante do confessionário, embora com singular diferença: não estou aqui para julgá-la, nem para lhe dar indulgência, apenas para entendê-la, seja lá o que for que tenha feito.

— Mas eu não carrego nenhuma culpa para confessar! — replicou Beatriz com veemência.

— Por certo — disse prontamente Mário, tentando desfazer algum mal-entendido. — Mas alguma coisa deve ter ocorrido para que vocês buscassem a separação! O que foi?

— Bem, meu caro advogado, essa é uma história constrangedora para ser narrada por uma mulher. Nem sei se devo fazê-lo.

Ao lado de Beatriz se postou o irmão Antônio, que mentalmente lhe transmitiu algumas mensagens:

"Vamos, filha. Abra o seu coração. Confie no Mário, homem bom, ele pode ser a resposta para suas preces."

Experimentando confiança no seu advogado, Beatriz sentiu-se estimulada a confidenciar seu problema:

— Sabe, doutor Mário, eu e meu marido vivíamos muito bem. Nunca tivemos problemas financeiros, fato que o senhor pode avaliar pela extensão do nosso patrimônio. Viajamos muito, conhecemos o mundo inteiro, vivíamos em festas da alta sociedade, frequentávamos as colunas sociais. Ele sempre me brindava com presentes e cada dia me fazia uma pequena surpresa: uma joia de valor, um vestido, uma flor, uma carta de amor. Dantas era o verdadeiro amante.

Sem aguentar a curiosidade, Mário interrompeu a narração e indagou:

— A diferença de idade entre vocês nunca foi problema?

— A princípio, não. Embora seja vinte anos mais velho, Dantas sempre foi muito vaidoso: cuidava da aparência física, vestia-se bem, fazia exercícios, vivia procurando vitaminas nas farmácias. Eu sentia que ele queria, a todo custo, minimizar nossa diferença de idade.

— E como esse casal tão perfeito acabou encontrando problemas? – perguntou Mário bem interessado.

— Nossas desavenças começaram no relacionamento íntimo – respondeu Beatriz, constrangida. – Dantas sempre foi um homem vigoroso, mas começou a experimentar dificuldades no ato sexual.

— Falta de interesse? – questionou Mário.

— Não! – respondeu Beatriz. – Pelo contrário, Dantas sempre foi muito fogoso. O problema é que ele se tornou impotente. No começo, pensei que era algo passageiro, nem dei muita importância, nem mesmo ele. Mas, o tempo foi passando e a dificuldade não desapareceu. Meu marido ficou profundamente perturbado com o fato; foi como se a vida tivesse acabado. Perdeu a alegria de viver, já não se cuidava como antes, sua autoestima ficou a zero. Passou a beber e, quando me procurava para o relacionamento íntimo, estava tão alcoolizado que a impotência se acentuava. Com isso, seu desespero tornou-se ainda maior.

— E como a senhora agia? – quis saber o advogado.

— Bem, eu tentei minimizar o problema, não dar muita importância para não preocupar Dantas. Mas, quando o quadro se agravou, procurei conversar com ele, demonstrando que entendia o problema e que daria todo o meu apoio para que ele buscasse as soluções.

— Isso não ajudou?

— Infelizmente, não – respondeu Beatriz com olhar de tristeza. – Dantas se recusava a tocar no assunto. Qualquer tentativa minha era prontamente cortada. Eu sentia que ele tinha medo e vergonha de conversar sobre o assunto.

Era como se eu estivesse pondo em dúvida a masculinidade dele.

Tomando fôlego para continuar, Beatriz prosseguiu:

— Esse problema surgiu há mais de um ano, e pouco a pouco o relacionamento foi se deteriorando. Quase não conversávamos, e as minhas tentativas de diálogo terminavam em discussões violentas. Como lhe disse, Dantas passou a beber, tornou-se agressivo e muito ciumento. De uns tempos para cá, passou a achar que eu o traía.

— E não? — questionou o advogado, como a demonstrar que conhecia a verdade.

— De forma alguma — respondeu Beatriz, energicamente. — Eu nunca traí meu marido.

— Então o que fez seu marido pensar em traição? — perguntou Mário.

— Ele acredita que uma mulher como eu não conseguiria ficar muito tempo sem sexo. Sou bem mais jovem do que ele, conheço várias pessoas, e Dantas está desconfiado de um dos diretores da nossa empresa. Mas isso é coisa da imaginação desequilibrada do meu marido...

— Dona Beatriz, eu considero justas as suas explicações, porém uma coisa não consigo entender — ponderou Mário. — Diga-me, por que razão o senhor Dantas tomou a iniciativa da separação?

— Ele disse que, como não poderia ser mais o homem da minha vida e como eu já havia encontrado um outro, a separação seria a solução para nós dois.

— E a senhora aceitou? — perguntou Mário, indignado.

— Rejeitei logo a ideia — respondeu Beatriz. — Tentei evitar o desquite o quanto minhas forças permitiram, porém não tive como resistir às pressões de meu marido. Cheguei até mesmo a renunciar à maior parte dos bens que me pertenciam, para demonstrar que não tinha o menor interesse no desquite. Foi o que lhe disse no escritório: de que valerão todos os bens se perderei o meu maior tesouro? Na verdade, não desejo a separação, mas, se essa é a vontade do meu marido, só me resta aceitá-la. O senhor pode me aguardar para a audiência com o juiz.

Encerrada a conversa, Beatriz deixou a igreja, com o coração aliviado pelo desabafo. Mário ainda permaneceu no local por mais alguns minutos, tentando entender aquele quebra-cabeça. "Quem está com a razão?", perguntava-se. "Doutor Romualdo falou em traição consumada, embora o relato de dona Beatriz pareça digno de crédito", pensava o jovem advogado, confuso. Em meio a esse turbilhão de pensamentos, Mário dirigiu o seu olhar para o altar e pediu aos anjos e santos que haviam escutado a confissão de Beatriz que o ajudassem a decifrar aquele mistério.

"O lar é a grande escola da família, em cujo seio o indivíduo habita para a realização dos próprios compromissos perante as Leis de Deus e para consigo mesmo."

BEZERRA DE MENEZES

No dia da audiência, Mário estava no escritório bem cedo, antes mesmo de Romualdo. Fazia os últimos ajustes na petição que apresentaria logo mais à tarde ao juiz. Sentia-se relativamente tenso, pois seria a primeira audiência como advogado e logo num caso cercado de segredos. Tecnicamente, tudo estava certo, pensava: "a separação é amigável e a partilha já está definida pelo casal. Não há o que temer". No entanto, sentia no seu íntimo que o desquite poderia ser evitado, muito embora não soubesse como. Aliás, até agora não tinha certeza a respeito dos reais motivos da separação. Quem estaria falando a verdade: Dantas? Beatriz? Não saberia dizer.

Assim que Romualdo chegou ao escritório, Mário foi chamado para uma reunião com o chefe:

– Bom dia, doutor Mário. Tudo certo para a audiência de hoje? – perguntou doutor Romualdo.

— Bom dia, doutor Romualdo. Pode ficar tranquilo, pois todos os detalhes já estão acertados. O senhor gostaria de examinar a petição?

— É claro. Deixe-me verificar se o colega não esqueceu nada — respondeu doutor Romualdo.

Passando rapidamente o olhar sobre os papéis, ele considerou:

— Está tudo certo, conforme o combinado. Bem, doutor Mário, agora é só despachar a petição com o juiz e apresentar o casal para a audiência de conciliação. Isso não deve demorar mais do que dez minutos. Não há o que possa dar errado. Não crie incidentes, por favor. Limite-se a cumprir a sua obrigação de advogado e lembre-se de que o Dantas é o cliente que pagará nossos honorários. Assim que terminar a audiência, venha logo para o escritório e traga o nosso cheque.

— Cheque? — perguntou Mário, curioso.

— Sim, o cheque. O cheque dos nossos honorários — respondeu Romualdo.

— E eu poderia saber o valor? — indagou Mário um tanto acanhado.

— É claro que pode, pois afinal de contas você terá uma participação sobre esse valor, algo em torno de dez por cento. Receberemos do Dantas a módica importância de duzentos mil reais — esclareceu Romualdo com uma pitada de ironia. — A você caberá a soma de vinte mil reais. Está bom para sua primeira causa?

— Meu Deus! — respondeu Mário, atordoado. — Eu nunca ganhei esse dinheiro em toda a minha vida!

– Pois é, doutor Mário. Isso é só o começo. Você pode ter um futuro brilhante em nosso escritório. Por isso, vá para a audiência, separe esse casal e volte com nossos tão esperados honorários – ordenou Romualdo com voz de general.

O jovem advogado deixou o escritório rumo ao fórum. No trajeto, não conseguia esquecer a possibilidade de receber aquela quantia, que lhe parecia uma fortuna. Imaginou que poderia pagar o aluguel atrasado, acertar boa parte do crédito educativo, liquidar as prestações do crediário aberto para a compra do primeiro terno, e ainda sobraria um bom dinheiro. Mas, ao ingressar no fórum, lembrou-se das iluminadas palavras do professor Otaviano. Veio-lhe à memória a recomendação de que a justiça era um fim, a meta a que todos deviam perseguir. Mas, logo no primeiro caso que estava em suas mãos, a justiça talvez não fosse a separação do casal, pensou. "Mas o que poderia fazer?", indagava-se mentalmente. "Tudo já está certo para a separação", dizia para si mesmo. Não obstante, inspirado por Sálvio, Mário teve a ideia de conversar antes com o juiz.

Apresentada a petição para distribuição, Mário foi informado pelo funcionário do fórum que o pedido de separação seria encaminhado ao juiz da 3ª Vara da Família, doutor Lauro de Mendonça. Diante da informação, Mário meditou se deveria, ou não, procurar previamente o juiz. Pensou nas severas recomendações de Romualdo para não sair da linha. Mas, resolveu seguir sua intuição e conversar com o magistrado. Ao ingressar na sala de audiências, Mário deparou com um senhor aparentando aproximadamente cinquenta anos, cabelos grisalhos, terno escuro, compenetrado na pilha de processos na mesa. O jovem advogado desconhecia que Lauro era um dos juízes mais tarimbados daquele fórum, atuando havia mais de dez anos em processos de separação. Homem equilibrado, casado, pai de três filhos, envergava as qualidades exigidas para o exercício da árdua função. Logo que o juiz lhe dirigiu o olhar, Mário iniciou o rápido diálogo.

– Doutor Lauro, boa tarde. Meu nome é Mário Rodrigues Gonçalves, sou advogado. O senhor ainda não me conhece, e estou aqui para me apresentar.

– Muito prazer, doutor Mário – disse o magistrado, educadamente. – De fato, não o conheço. Mas em que posso ajudá-lo?

– Sabe, doutor Lauro, hoje dei entrada num pedido de separação amigável e a sua vara foi sorteada para examinar o caso.

– Mas qual o problema? – indagou o juiz, querendo ir direto ao assunto.

– Eu só quero fazer ao senhor um pedido. Tente, por favor, a conciliação do casal. Não tive êxito em minhas acanhadas tentativas, porém quem sabe o senhor tenha mais sorte. É só isso que lhe peço – finalizou o advogado.

– Não se preocupe, doutor. Se já não fosse meu dever legal tentar a conciliação do casal, a minha consciência como cidadão me obrigaria a tentar evitar a separação. Não haverá sociedade harmonizada com lares desfeitos; não haverá paz no mundo com famílias destruídas. Tentarei, dentro das minhas possibilidades e como faço em todos os casos, a conciliação de seus clientes.

– Eu agradeço por sua atenção – disse o advogado, pedindo licença para deixar o recinto.

Retirando-se, Mário foi ao encontro do casal, que já o aguardava próximo à sala dos advogados. Após os cumprimentos, ele ainda teve oportunidade de dizer aos clientes:

– Ainda há tempo de vocês desistirem. Em dez minutos nós entraremos na sala do juiz e vocês terão a última chance de evitar a separação, ou então colocarão um ponto final nesse casamento. Estão certos do que desejam?

Enquanto o casal trocava as últimas impressões a respeito do assunto, vamos, leitor até a sala do juiz Lauro de Mendonça, que se preparava para a audiência do casal Dantas. Ele pediu à secretária que confirmasse a chegada dos cônjuges. Enquanto ela cumpria as determinações, Lauro recolheu-se em silenciosa prece. Católico praticante, dirigiu os pensamentos a Deus e rogou o amparo para o reto cumprimento de suas tarefas naquela tarde. Durante o desenrolar da prece, quanto mais se ligava a Jesus, quanto mais se sentia pequeno para a tarefa de julgar o ser humano, mais era envolvido por luzes alvas que irradiavam por toda a sala de audiências. Ao lado do juiz, na dimensão que os olhos físicos não conseguem alcançar, vamos notar a presença de Péricles, nobre entidade responsável pelo amparo a Lauro de Mendonça. Péricles se avistou com Sálvio e os dois estabeleceram os entendimentos necessários para a assistência a ser prestada ao casal Dantas.

Assim que o magistrado terminou a silenciosa oração, a secretária comunicou que tudo estava pronto para a audiência e recebeu ordens do juiz para trazer o casal. Quando da entrada das partes, dois espíritos de baixa condição evolutiva tentaram ingressar na sala de audiências com o objetivo de influir na consumação do desquite. Eram inimigos espirituais de Dantas que desejavam ver a derrocada do parceiro de outros tempos. Mas, nem sequer conseguiram entrar na sala em virtude da existência de barreiras vibratórias estabelecidas pelo sadio comportamento de Lauro.[3] Da mesma forma que o mundo espiritual superior estabelece planos de assistência aos hospitais, estabelece igual tratamento aos tribunais. Diversos espíritos superiores que foram juízes, advogados, promotores ou funcionários costumam prestar valioso auxílio espiritual aos profissionais que atuam na área. No caso, porém, as barreiras vibratórias implantadas na sala de Lauro foram fortalecidas em virtude de sua elevada condição moral, sem desconsiderar, também, que o clima de oração a que ele habitualmente se entrega facilita a assistência dos espíritos superiores.

O casal já estava acomodado na sala de audiências. O magistrado examinou, primeiro, o teor da petição da separação e a partilha dos bens e verificou que se tratava

---

[3]. A criatura que ora traz consigo inalienável couraça de proteção, diz o Espírito André Luiz (N.A.).

do caso patrocinado pelo jovem advogado que instantes antes estivera em sua sala. Mário estava do lado de fora do recinto, pois a lei determina que o casal seja ouvido reservadamente pelo juiz. Após alguns minutos, o magistrado dirigiu-se aos cônjuges:

— Pois bem, está aqui em minhas mãos o pedido de separação judicial dos senhores. É meu dever legal, porém, como representante do Estado, fazer-lhes algumas perguntas e considerações. Em primeiro lugar, gostaria de saber se é da livre vontade dos senhores obter a separação.

— Sim, doutor — disse secamente Dantas.

— E a senhora? — indagou o juiz a Beatriz.

— Bem, Excelência, acho que não tem mais jeito. Eu, no fundo, não desejo a separação, mas meu marido entende que não há outra saída para nós. Depois de exaustivas tentativas de reconciliação, todas negadas pelo meu marido, o desquite tornou-se para nós a única solução.

— Não há mais jeito, doutor. Queremos o desquite.

— Mas sua esposa afirmou que pessoalmente não deseja separar-se do senhor. Isso não lhe toca o coração? — indagou o magistrado.

— Não, não me sensibilizam as declarações dessa mulher — respondeu Dantas, magoado.

— Noto muita mágoa em suas palavras, senhor Dantas — observou o juiz.

— Pergunte à minha esposa, senhor juiz, a razão da minha dor; pergunte a ela por que sangra meu coração, por que minha alma está dilacerada — exclamou Dantas, emocionado.

Dirigindo seu olhar à esposa, o magistrado, sem esboçar palavra, aguardou que Beatriz respondesse às questões levantadas pelo marido. Profundo silêncio tomou conta da sala. Beatriz também não conseguiu conter a emoção. Ao seu lado, Sálvio inspirava-lhe palavras de confiança para que ela revelasse o seu drama. Suspirando bem fundo, Beatriz olhou para o marido e depois, dirigindo-se ao magistrado com a voz embargada, disse:

— Senhor juiz, talvez meu marido tenha razão. Admito minha parcela de responsabilidade nessa separação, embora tenha negado isso ao meu advogado. Diante de um problema que enfrentamos, nosso relacionamento esfriou, perdeu o encantamento dos primeiros anos. Inevitavelmente, conheci outro homem que se interessou por mim. A princípio, achei que o ciúme poderia ser uma boa estratégia para reconquistar meu marido. Mas, a tática não deu o resultado previsto. Ao contrário, meu marido ficou mais distante e o nosso relacionamento piorou. Irada e querendo me vingar, estabeleci um relacionamento mais estreito com aquele que me tentava seduzir e em pouco tempo estava totalmente envolvida nas teias do adultério. Sinto-me envergonhada de relatar tais fatos, nem tive coragem de admiti-los ao meu próprio advogado. Mas sou a culpada — confessou Beatriz aos prantos, seus e do marido.

O casal chorava copiosamente. Amor e ódio se misturavam com as lágrimas derramadas, revelando que ali estavam duas almas que se amavam, mas que ainda não haviam aprendido a conviver nas bases do respeito mútuo, do apoio sincero e da fraternidade. Depois de alguns segundos, retomando o seu depoimento, Beatriz, ainda em lágrimas, prosseguiu:

— Como lhe disse, meritíssimo, sinto-me responsável pela separação. Mas acho que não sou a única culpada. Não posso negar a traição, mas creio que meu marido me precipitou para esse abismo que hoje me corrói. Pergunte a ele, senhor juiz, se não fui jogada para as feras. Meu marido se fechou inteiramente para mim, fiquei completamente abandonada. Já não me beijava, não me tocava, não me dava presentes, não me escrevia as lindas cartas de amor de outrora. Ao contrário, tornou-se um homem agressivo, ríspido e alcoólatra. Era como se eu estivesse vivendo com um estranho. Ele jamais quis entender o que eu estava passando. Pergunte a ele, Excelência, se estou falando mentiras.

Voltando seu sereno olhar para o marido, o juiz aguardou que Dantas se manifestasse, ao tempo em que Sálvio deitava suas vibrações ao marido. Dantas estava transfigurado. Chorando como um menino, ele se dirigiu ao magistrado em claro desabafo:

— Não lhe disse, doutor? Como posso manter o casamento com essa mulher, que não soube me honrar? Impossível, impossível! – gritou Dantas.

— De fato, o adultério é grave infração que se comete no casamento – ponderou Lauro. – Contudo, em minha experiência de magistrado, tenho percebido que, não raro, o cônjuge que procura relacionamento fora do lar o faz porque não está encontrando no seu legítimo parceiro todos os anseios que se esperam de uma vida a dois. Será esse o caso? – perguntou o magistrado a Dantas.

Novo silêncio invadiu a sala de audiências. A observação do juiz tocou profundamente Dantas. Ao tecer breve análise de todo o ocorrido, Dantas explodiu em novo choro e, auxiliado por Sálvio, confessou:

– Talvez, doutor. Admito que não tenho sido um modelo de esposo. Enfrento problemas de ordem íntima e isso me esgota a alma.

– Que espécie de problemas? – questionou o magistrado.

– Ora, doutor, o que mais pode aniquilar com a vida de um homem? Sou um inválido, senhor juiz, um impotente. Não sirvo mais para minha mulher. Não posso ser o homem da vida dela. Que desgraça maior poderia ter me acontecido?

– Não considero que isso seja uma desgraça – replicou Lauro. – Desgraça seria, talvez, uma doença incurável. A grande desgraça que acomete o senhor talvez seja a desinformação.

– Como assim, doutor? – perguntou Dantas, assustado.

– A maior parte dos homens confunde impotência sexual com masculinidade. Ignoram que a impotência pode estar relacionada ao uso de cigarro, álcool ou drogas ou a problemas como diabetes, estresse e efeitos colaterais de medicamentos – esclareceu o magistrado.

— Eu sempre quis dizer isso a ele, doutor — comentou Beatriz.

— O senhor fuma? — perguntou o juiz.

— Bem, doutor, eu fumo, bebo e vivo constantemente estressado. Mas será que isso tem cura? — perguntou Dantas, aflito.

— É claro, senhor. Homens com impotência podem ser curados com terapia, medicamentos e até cirurgia. Penso que o senhor deve procurar um médico e que esse problema desaparecerá, em breve. Mas, acredito que o senhor sofra de impotência muito mais grave.

— E qual é doutor? Diga-me, por favor!

Inspirado pelo benfeitor Péricles, o magistrado respondeu:

— É a impotência de perdoar sua esposa. Não se ignora que ela tenha violado graves leis do matrimônio. No entanto, é justo ponderar que, de alguma forma, o senhor contribuiu para essa situação. Se talvez tivesse sido mais atencioso com ela, se não tivesse esquecido que a mulher precisa de carinho muito mais do que de sexo, se tivesse procurado ajuda, teria evitado todo esse quadro desolador, para o senhor e para ela.

Dantas mantinha o pranto, quase convulsivo. Doía-lhe reconhecer sua parcela de responsabilidade. E Lauro ainda prosseguiu:

— Sem estar com pedras na mão, observo que tanto um como outro são responsáveis pela separação. Curiosamente, os dois estão certos nas queixas, mas errados nas atitudes. Todavia, agora poderão mudar essa situação. Se assinarem o desquite, levarão para o túmulo a sentença lavrada com as tintas do orgulho. Contudo, poderão dar um outro fim a essa novela triste. Basta que ponham no altar de seu coração o mesmo sentimento que um dia os uniu. Senhor Dantas, diga-me se ainda ama a sua esposa. Olhe para ela, esqueça o que ela fez. O senhor ainda a ama?

– Sim, doutor, eu a amo como nunca amei outra pessoa – respondeu o marido vertendo lágrimas.

– E a senhora, dona Beatriz, ama seu esposo?

– Como não, doutor Lauro? Ele é a razão da minha vida. Jamais poderei ser feliz nos braços de outro homem, conforme pude sentir. Ainda que ele não se cure da impotência, o que não acredito, passaria o fim de minha vida ao lado do homem que aprendi a amar e a admirar.

– Diante do que acabo de ouvir, acredito que esse amor merece nova chance – ponderou o juiz. – Se os senhores se derem essa nova oportunidade, saibam que precisarão reconstruir o casamento em bases de maior compreensão e tolerância. Cada dia será uma nova oportunidade de reconquistar a confiança perdida, a paixão apagada, a cumplicidade esquecida, o carinho desfeito, para que o amor ressurja em toda a sua plenitude. E a base de tudo está no perdão, o remédio diário para a solução de seus problemas atuais. Estão dispostos a reiniciar uma nova fase na vida de vocês?

– É o que mais desejo, doutor – respondeu Beatriz, prontamente.

Dantas olhou bem para a esposa e lembrou-se do dia em que jurou perante o altar que amaria Beatriz por toda a eternidade. Agora era a hora de cumprir a promessa.

— Doutor Lauro — disse Dantas — eu me recordei de uma música cantada por Gonzaguinha que marcou muito a nossa vida conjugal e cujo título responde à sua pergunta: *Começaria tudo outra vez...*

— Então, permita-me convidar os senhores para que se deem as mãos e refaçam os compromissos matrimoniais. Antes, porém, vamos chamar o doutor Mário — lembrou o magistrado.

Depois de longa espera, Mário foi avisado pela secretária de que o juiz pedira seu ingresso na sala. Apressado, ele entrou no recinto e não acreditou no que seus olhos registraram: Dantas e Beatriz sentados um ao lado do outro, de mãos dadas, como dois namorados apaixonados. Percebendo o espanto do advogado, Lauro esclareceu:

— Meu prezado doutor Mário, nossos esforços para a conciliação do casal não foram em vão. Depois de algumas ponderações, o casal resolveu se dar nova chance e, por enquanto, o pedido de separação será arquivado. Quero louvar o seu esforço, a sua dedicação, pois bem sei que o senhor também colaborou para o sucesso da conciliação que hoje, mercê da misericórdia divina, logramos obter. Para encerrar a audiência, gostaria de transmitir ao casal os meus profundos votos de uma vida conjugal harmoniosa e cheia de bênçãos celestiais. Que os anjos do céu os abençoem. Estão dispensados.

Nem foi preciso rogar tanto. Mais cedo do que imaginava o juiz, uma chuva de pétalas de rosa vermelha se derramava sobre o casal, inundando de bênçãos aqueles corações que tiveram a coragem de perdoar um ao outro. Péricles e Sálvio estavam satisfeitos com o resultado da audiência, pois, afinal de contas, a justiça dos homens se elevou à justiça dos céus.

"Sou grato aos chineses, nossos inimigos.
Só do inimigo se pode aprender compaixão."

DALAI LAMA

De volta ao escritório, Mário meditou sobre o resultado de sua primeira causa. Estava radiante por saber que, de algum modo, havia colaborado para a reconciliação do casal Dantas. Ao chegar ao local de trabalho, Romualdo o aguardava, com ansiedade.

– Ora, quem chega! – exclamou o chefe, feliz. – O homem de duzentos mil reais!

– Bem, doutor Romualdo, acho que tenho notícia melhor.

– Não me diga que o Dantas engordou o nosso cheque? – perguntou Romualdo, esperançoso.

– Não, doutor. Melhor do que nosso cheque foi a reconciliação do casal.

– O quê? – perguntou Romualdo, enfurecido. – Quer dizer que aqueles dois desistiram da separação?

— Isso mesmo! Saíram do fórum como dois pombinhos em lua-de-mel.

— E qual foi sua participação nesse episódio? — inquiriu Romualdo, colérico.

— Desde o primeiro contato com o casal, senti que a separação não era a solução. Percebia que ainda havia espaço para conciliar o casal. Por isso, acabei conversando reservadamente com dona Beatriz para me inteirar dos motivos do desquite. E no dia de hoje, minutos antes da audiência, conversei com o juiz, o doutor Lauro, solicitando-lhe que envidasse esforços para a união dos cônjuges.

— Ah, droga! — gritou Romualdo, profundamente abalado. — Essa mania de família, família, família... eu não aguento isso. E agora eu quero saber, doutor Mário, quem vai pagar nosso prejuízo de duzentos mil reais. É a família que o senhor salvou?

— Mas, doutor Romualdo, pensei que interessasse ao senhor a felicidade de seus clientes. Não é para isso que o senhor trabalha?

— Ora, doutorzinho, não me interessa a felicidade barata que o senhor arrumou para eles se os meus cofres estiverem vazios! Que se dane a família, o Dantas e a sua maldita esposa adúltera!

— Não fale assim, doutor Romualdo. Não há dinheiro que pague uma família unida; sei disso na própria carne. Minha família passou muita fome e, se não fosse a união, não teríamos resistido à miséria que nos acompanhou. Hoje, talvez, eu estivesse atrás das grades se não fosse o apoio da família. Acho que o senhor deveria rever seus conceitos, doutor Romualdo.

— Ah, sim, é verdade. Vou rever o primeiro deles agora — falou o chefe, irônico. — O senhor está despedido!

— Mas como?!

— Despedido, eu falei. Passe na tesouraria, receba o seu saldo de salário e nunca mais volte aqui. E não diga por aí que um dia colocou os pés em meu escritório.

Mário deixou a sala desconcertado, como se um raio tivesse caído sobre sua cabeça, como se o mundo tivesse desabado. Ficou parado em sua sala, sem saber o que fazer, sem saber para onde ir. Sentado, meditava sobre o que teria feito de errado, porém não encontrava respostas para a atitude de Romualdo. Ao seu lado, todavia, em trabalho de sustentação, vamos encontrar Sálvio e o pai de Mário, Abel, que estabelecem interessante conversação:

— *Meu prezado Sálvio, não consigo entender a conduta de Romualdo. Ele parece que odeia famílias...*

— *É verdade, meu caro Abel. No fundo, o nosso Romualdo vive um drama psicológico muito antigo, do qual até hoje não conseguiu desvencilhar-se.*

— *E do que se trata?* — perguntou Abel, interessado no assunto.

— *Romualdo nasceu em uma família muito rica. Seu pai era um próspero advogado em São Paulo, de quem herdou o escritório e uma grande fortuna. Ele foi educado nas melhores escolas, viajava para o exterior todos os anos. Seus pais viviam aparentemente em harmonia, até o dia em que um fato desa-*

gradável ocorreu naquela família. Romualdo, então com doze anos de idade, chegou mais cedo do colégio e presenciou uma cena inesquecível. Escutou uma discussão acalorada no quarto dos pais e foi ver o que se passava. Quanto mais se aproximava do quarto, mais percebia a voz do pai, que, aos gritos, exclamava: adúltera, adúltera, prostituta...

— Mas o que ocorreu? — perguntou Abel.

— Sem conter a curiosidade e a aflição, o pequeno Romualdo entrou no quarto e surpreendeu a mãe desnuda na cama, acompanhada de um homem desconhecido. Os dois haviam sido flagrados pelo pai de Romualdo, que estava transtornado com a cena do adultério, perpetrado em seu próprio leito.

— E o que aconteceu depois? — perguntou Abel.

— O marido traído expulsou a esposa do lar. Naquele mesmo dia, naquela mesma hora, os dois foram jogados para fora de casa, nos trajes em que se encontravam. Nunca mais Romualdo teve contato com a mãe, tendo ficado em sua triste lembrança, porém, aquele trágico dia em que a santa mãe se transformou em pecadora imperdoável.

— Mas o que esse episódio tem a ver com a dispensa de meu filho? — indagou Abel, confuso.

— Eu explico. Romualdo tem registros indeléveis em seu psiquismo da cena em que a mãe foi flagrada em adultério. Ele não conseguiu digerir esse triste episódio e até hoje não perdoou a traição da mãe. Assim, no íntimo, ele ainda deseja que a mãe seja punida. Para Romualdo, toda mulher é pecaminosa, traidora, adúltera. Por isso, até hoje não se casou. Quando soube que Beatriz havia traído o esposo, ele intimamente queria ver punida a esposa de Dantas, pois dessa forma estaria punindo a própria mãe. Como ele não perdoou a mãe, não saberia entender o ato praticado por Beatriz. É um mecanismo que a psicologia denomina de transferência. Portanto, quando Romualdo soube que o casal havia se reconciliado, isso para ele significava que Beatriz havia sido perdoada, situação que ele não consegue conceber. Daí a sua revolta. Os outros perdoaram Beatriz – o marido, o juiz e o próprio Mário. Como Romualdo não consegue perdoar, sente-se culpado e precisa punir os que perdoam, a fim de aliviar a própria consciência. Deu para entender? – perguntou Sálvio.

– Acho que sim – respondeu Abel ainda pensativo. – Poderia me dar mais um exemplo?

– Vamos tentar. Você se recorda da cena ocorrida com Jesus quando apresentaram a ele a mulher surpreendida em adultério?

– Claro que sim – respondeu Abel. – É uma das cenas que mais aprecio na vida de Jesus.

– De fato é uma página belíssima do Evangelho. Pois bem, quando a multidão esperava a opinião de Jesus sobre o assunto, estando a mulher prestes a ser apedrejada até a morte, o Mestre falou para que atirasse a primeira pedra aquele que estivesse sem pecado. Enquanto aguardava o comportamento da multidão, Jesus passou a escrever na areia, com o próprio dedo, palavras como "ladrão", "maledicente", "adúltero", "hipócrita"...

– Mas o que Jesus estava querendo dizer? – indagou Abel.

– Creio que ele se referia àqueles que estavam com pedras na mão. Tanto é assim que, um a um, todos dispensaram as pedras e se retiraram do local sem dizer uma palavra. Todos tinham pecados, ou seja, imperfeições, e para aliviar sua consciência culpada pretendiam apedrejar a mulher surpreendida em adultério. Projetaram a própria sombra interior, assim como fez Romualdo ao saber do adultério de Beatriz e do perdão que ela recebeu da família. Por isso, atirou pedras em Beatriz, a adúltera, e em todos aqueles que a perdoaram, dentre os quais Mário. É claro que o aspecto financeiro também contribuiu para a dispensa de seu filho. Romualdo é muito apegado ao dinheiro, e qualquer prejuízo lhe é motivo de profundas inquietações.

– E como ficará meu filho, Sálvio? – perguntou Abel com ares de preocupação.

– Vamos confiar em Deus. Mário precisava dessa experiência para que pudesse seguir os objetivos traçados antes de sua reencarnação. Tudo está indo muito bem. Confiemos.

"Dizes que a humildade é virtude dos Anjos e que os Anjos estão no céu, no entanto não te esqueças de que as asas dos Anjos cresceram sobre a Terra mesmo."

Irmão José

Três semanas após o incidente, encontramos Mário em casa, sentado à mesa da cozinha, tomando um gole de café com a mãe.

— Puxa, mãe, jamais pensei que ficaria desempregado em tão pouco tempo.

— É, meu filho, a vida tem dessas coisas – disse a mãe, querendo consolar o filho.

— Já mandei currículo para várias empresas e escritórios e até agora só obtive promessas vazias. O aluguel está atrasado outra vez e o pouco que recebi no escritório do doutor Romualdo só deu para pagar a prestação do paletó. Meu irmão, depois que casou, não deu mais as caras. Sabe, mãe, eu não aguento ver a senhora com essa idade ainda fazendo faxina na casa dos outros. E eu aqui, no vigor da juventude, com um diploma de advogado nas mãos, desempregado. Isso é demais para mim!

– Filho, você já pensou em advogar por conta própria? Ter um escritório seu?

– Já pensei, mãe. Mas acho que não daria certo. Financeiramente é muito caro: alugar uma sala, pagar um *office-boy*, alugar um telefone – eu não teria como me manter. Além do mais, gostaria de atuar na área criminal e, para ter boa clientela, precisaria de um escritório bem-montado, localizado em melhor região da cidade. Se eu montar um escritório aqui na periferia, do lado da favela, vamos morrer de fome!

– Que é isso, filho, olha como você fala. Parece que o bicho do doutor Romualdo mordeu você!

– Não, não é isso, mãe. Não é preconceito. Mas, para se ter uma boa clientela, eu acredito que é preciso um escritório de nível, não aqui neste bairro onde moramos. As ruas aqui nem nome têm! Quem iria me procurar neste buraco? Aqui as pessoas não têm dinheiro para comer. Como vão ter para pagar advogado?!

– É verdade, filho. Mas vamos manter a confiança em Deus. Nós já passamos momentos piores e vamos superar mais este.

– Tomara que a senhora esteja certa, mãe – disse Mário em tom pensativo.

– Filho, você se lembra da dona Lurdinha?

– A benzedeira?

– Ela mesma. Você não quer tomar uma proteção com ela?

– Acha que dá certo? – perguntou Mário, desconfiado.

— Tem dado para muita gente. Ela por aqui tem feito muito bem; tem curado muita gente que médico já havia desenganado. A criançada da favela não sai da casa dela, e todos ficam bons. Ela benze quebranto, mau-olhado, inveja, bucho-virado e tudo quanto é coisa ruim. Vamos lá, filho, se não fizer bem, pior não ficará.

— É de graça, mãe?

— Claro, filho, dona Lurdinha não cobra nada. A mulher é boa mesmo. Já nos ajudou muito no tempo em que você era pequeno.

— Então vamos lá agora – disse Mário, animado.

Meia hora depois, os dois estavam na casa da benzedeira. Lurdinha era viúva e desde mocinha dedicava-se a socorrer os que a procuravam. Aprendeu a benzer com a avó, que lhe ensinou o trabalho um dia antes de morrer. Ela desejava que a neta continuasse o trabalho com o povo humilde, o que de fato acabou acontecendo. E Lurdinha se tornou um verdadeiro posto de socorro do céu naquela comunidade carente. Ela fazia as vezes do padre, porque a igreja só abria uma vez por mês, aos domingos. O sacerdote celebrava a missa e tinha de ir embora correndo para outra paróquia. Lurdinha era conselheira, ouvia as pessoas, dava orientações e ensinamentos cristãos. Também fazia as vezes do médico, pois não havia posto de saúde na região e, para se chegar ao hospital mais próximo, era preciso tomar duas conduções. Até partos ela chegou a fazer. Para a maioria daquela gente simples e sofrida, era Deus no céu e Lurdinha na Terra.

Quando Mário e sua mãe chegaram ao local, tiveram de aguardar para serem atendidos, pois Lurdinha estava assistindo duas crianças enfermas. Tiveram o ensejo de notar a simplicidade da casa, cuja porta de madeira apresentava largas frestas que permitiam visualizar o interior da cozinha. A casa tinha dois cômodos – quarto e cozinha – e banheiro externo. Na cozinha, uma velha geladeira, fogão de duas bocas e a pia com muitas panelas. No quarto, uma cama de solteiro e uma cômoda sobre a qual Lurdinha colocava alguns objetos pessoais e o terço com o qual fazia as orações. Sobre a cômoda, um quadro com a fotografia de um homem idoso, com terno cor pérola, longas barbas brancas, cuja feição denotava profunda expressão paternal.

Ao cabo de quinze minutos, Mário foi apresentado pela mãe à famosa benzedeira:

– Pois é, dona Lurdinha, trouxe aqui o meu filho para que a senhora dê a sua proteção. O bichinho está desnorteado...

– Ah, dona Ana, quem dá proteção é Deus. Sou apenas um instrumento. Eu mesma não faço nada, não dou nada. Só empresto as minhas orações, a minha amizade a todos os que me procuram. Vamos orar, filho? – disse Lurdinha a Mário.

– Vamos, sim. Acho que estou precisando...

Aproximando-se da cômoda, Lurdinha concentrou-se e proferiu, em voz alta, uma oração conhecida como "prece de cáritas":

– *Deus, nosso Pai, que sois todo poder e bondade, dai a força àquele que passa pela provação, dai a luz àquele que procura a verdade, ponde no coração do homem a compaixão e a caridade.*
Deus, dai ao viajor a estrela guia, ao aflito a consolação, ao doente o repouso. Pai! Dai ao culpado o arrependimento, ao espírito a verdade, à criança o guia, ao órfão o pai. Senhor, que a Vossa Vontade se estenda sobre tudo o que criastes. Piedade, Senhor, para aqueles que vos não conhecem, esperança para aqueles que sofrem.
Que a Vossa Bondade permita aos espíritos consoladores derramarem por toda parte a paz, a esperança e a fé. Deus! Um raio, uma faísca do Vosso Amor pode abrasar a Terra; deixai-nos beber nas fontes dessa bondade fecunda e infinita, e todas as lágrimas secarão, todas as dores se acalmarão.
Um só coração, um só pensamento subirá até vós, como um grito de reconhecimento e amor. Como Moisés sobre a montanha, nós vos esperamos com os braços abertos, oh! bondade, oh! beleza, oh! perfeição, e queremos de alguma sorte merecer a Vossa Misericórdia.
Deus! Dai-nos a força de ajudar o progresso a fim de subirmos até vós; dai-nos a caridade pura; dai-nos a fé e a razão; dai-nos a simplicidade que fará das nossas almas o espelho onde se refletirá a Vossa Imagem.

Ao término da prece, todos sentiram paz e suavidade tomando conta do recinto. Era como se aquele quarto tivesse se transformado num pedacinho do céu. Sálvio estava presente, mantendo-se também em clima de prece. Lurdinha, ainda com o terço, impôs suas mãos sobre a cabeça de Mário e, invocando a proteção divina, continuou a oração, agora sob a inspiração direta de nobre entidade espiritual, cujo retrato se encontra sobre a cômoda da benzedeira:

– Meu filho querido. Há tempos acompanhamos a sua trajetória, desde os dias em que você e sua mãe recolhiam sucata na rua. Nos momentos de dor e dificuldades, estivemos, por misericórdia divina, ombro a ombro com vocês, tentando ser como o bom samaritano que socorre sem perguntar, sem exigir nenhuma retribuição. Você cresceu, se formou, mas não perdeu o nosso amparo, porque Deus nunca abandona os seus filhos. Agora, mais do que nunca, é preciso confiar e perseverar, lembrar-se da mesma fé que o sustentou em épocas de maiores dificuldades. Hoje, como ontem, caminhamos contigo, como o Cristo caminha conosco em todos os instantes. Seja firme e forte, persevere no bem que as portas da justiça se abrirão para aqueles que têm fome dela. Procure aconselhar-se com o velho professor, pois ele tem muito a lhe dizer. Muita paz em seu coração.

Mário estava emocionado com a oração que acabara de ouvir. Jamais pensou que pudesse escutar palavras tão sábias e bonitas de uma mulher quase analfabeta. Ele beijou por diversas vezes a mão da benzedeira e agradeceu pela proteção recebida. Ao se retirar, porém, teve a curiosidade de fazer-lhe duas perguntas:

— Dona Lurdinha, a senhora poderia me esclarecer por que vejo tantas panelas em sua cozinha?

— Ora, meu filho, embora more sozinha, costumo fazer bastante comida para os que aqui vêm com o estômago vazio. Há muita miséria, e irmãos aqui me procuram não para orações, mas para ter um simples pedaço de pão. A esses, oferecemos sempre alguma coisa para comer.

— Eu mesmo, quando criança, devo ter comido muitas vezes aqui. A senhora é santa, dona Lurdinha! — exclamou Mário.

— Que nada, filho, eu só gosto de ajudar as pessoas. Só isso.

— Ah! Já ia me esquecendo da outra pergunta. Qual o nome daquele homem que está no quadro pendurado perto da cômoda?

— É um grande amigo dos sofredores. Seu nome é Bezerra de Menezes[4]...

---

4. Bezerra de Menezes (1831-1900) foi um verdadeiro missionário em terras brasileiras. Foi vereador e deputado federal pelo Rio de Janeiro, desenvolvendo intenso trabalho em favor dos humildes e necessitados. Médico humanitário, acabou sendo proclamado pelo povo como o "médico dos pobres". Viveu e morreu modestamente, distribuindo aos necessitados tudo o que possuía. Espírita convicto, trabalhou intensamente para a consolidação do espiritismo no Brasil. Voltou à pátria espiritual, todavia permanece em seu trabalho apostólico no Brasil e no mundo (N.A.).

> "Não quero repetir o óbvio, mas, na verdade, a vida começa na fecundação."
>
> JÉRÔME LEJEUNE (GENETICISTA)

No dia seguinte, Mário acordou bem mais animado. Ainda comentou com a mãe os fatos ocorridos na casa de Lurdinha:

— Sabe, mãe, dona Lurdinha parece uma santa. Tinha momentos em que eu suspeitava de que alguém estivesse falando pelos lábios dela.

— É mesmo, filho. Ela é um anjo do céu que vive na Terra. Quantas vezes fomos à casa dela sem ter o que comer, e nunca saímos de lá com o estômago vazio. Quando seu pai faleceu, ela sempre tinha uma palavra amiga a nos dar e um prato de comida nos dias de maior dificuldade.

— E qual a religião de dona Lurdinha? – perguntou Mário, interessado.

— Ah! Não sei dizer, filho. Ela nunca comentou sobre esse assunto. Dona Lurdinha nunca exigiu que as pessoas fossem dessa ou daquela religião. Acho engraçado que em sua casa vão católicos, crentes, espíritas e gente que nem religião tem.

— E ela atende a todos?

— Sim, sem nenhuma distinção. Gente rica, gente pobre, com religião ou sem religião, todos recebem sua proteção. Por sinal, Mário — disse dona Ana, entretida — parece que dona Lurdinha falou que você deveria procurar seu professor. De quem ela falava?

— Acho que era do doutor Otaviano. Lembra-se dele?

— Claro! Como iria esquecer o homem que fez aquele lindo discurso na sua formatura...

— Enquanto a dona Lurdinha fazia a oração, o rosto do professor não me saía da cabeça — comentou Mário, pensativo.

— Então, filho, procure esse homem o quanto antes!

Ainda no mesmo dia, Mário resolveu procurar seu velho professor. Vestiu seu terno e foi ao fórum, pois não teria condições de conversar reservadamente com o mestre na faculdade. Por volta da uma hora da tarde, o jovem advogado chegou ao tribunal e ficou impressionado com o ambiente austero. O prédio antigo, sobriamente decorado, como exige a Justiça, emprestava ao ambiente um ar de intensa solenidade. Os tapetes vermelhos, as escadas de mármore, as salas com portas altas, os móveis escuros e ricos em detalhes. Nos corredores, quadros com fotografias de antigos magistrados, cujos olhares pareciam ainda vigiar a conduta dos mais jovens. Profundamente tocado pelo ambiente, Mário sentiu o peso da responsabilidade que deveria recair sobre os juízes. Chegando ao gabinete de trabalho do juiz, Mário apresentou-se para a secretária e logo ficou diante de seu velho professor.

– Boa tarde, professor, como tem passado? Lembra-se de mim?

– Claro que me lembro, Mário. Eu estou indo muito bem e é sempre um prazer rever meus alunos, principalmente os bons como você.

– Puxa, professor, agradeço pelo elogio.

– Olha, Mário, no momento não posso lhe dar maior atenção. É que estou de saída para a sala de julgamentos, onde um caso polêmico aguarda apreciação urgente do tribunal.

– Está bem, professor, voltarei outro dia – falou Mário, desapontado.

– Mas, se você quiser esperar, pode assistir ao julgamento e depois conversaremos.

– Eu adoraria, professor.

– Está combinado – finalizou o juiz.

Já na sala de julgamentos, Mário notou que três juízes estavam a postos para a sessão. Com suas togas, cabelos encanecidos, os magistrados demonstravam seriedade e profunda compenetração para o julgamento que logo mais começaria. Otaviano integrava a câmara de julgadores que teria a responsabilidade de decidir a questão. O casal Vinícius e Rosa bateu às portas da Justiça para a realização de um aborto. Durante a gestação, a mãe contraiu o vírus *Varicella-zoster*, doença altamente contagiosa e popularmente conhecida como catapora. Em consequência, o feto foi contaminado e a criança apresentará graves problemas de saúde. O filho de Rosa nascerá com sérias anomalias neurológicas e oculares, retardos mental e motor e ainda com microcefalia (crânio pequeno). Segundo parecer médico constante do processo, não havia prognóstico de cura para esses distúrbios. O pedido de autorização para o aborto já havia sido concedido pelo juiz da cidade onde residiam os pais, mas houve recurso do promotor, e a questão agora seria definitivamente analisada pelo Tribunal de Justiça.

Na sala de julgamentos, além de Mário, vemos a gestante e seu marido, que aguardavam ansiosos a decisão que se tomaria logo mais. Também se nota o comparecimento de diversos advogados e estudantes vivamente interessados no caso. O julgamento também despertava interesse no mundo espiritual. Diversos espíritos benfeitores estavam presentes, procurando envolver os magistrados em pensamentos de luz e caridade. A mãe estava envolvida espiritualmente por Anacleto, seu anjo guardião. Sálvio e Abel também acompanhavam a assembleia de espíritos nobres que presenciariam o julgamento. Iniciada a sessão, o primeiro juiz a proferir o voto foi Ricardo Antunes Lopes:

— Meus senhores, o Tribunal de Justiça é chamado a decidir um dos casos mais complexos de sua história. Confesso aos meus ilustres colegas que meditei muito a respeito do assunto, perdendo várias noites de sono. E após longa reflexão concluí que o aborto deve ser concedido. Verificando o parecer médico, notamos que a anomalia fetal é gravíssima e, pior que isso, irreversível. Essa criança, se vier ao mundo, estará comprometida para sempre. Poderá ficar toda a vida atrelada a um leito, sem considerarmos, ainda, a possibilidade de apresentar distúrbios mentais. Não há, pois, nenhuma perspectiva de vida útil para essa criança. Nascerá apenas para sofrer e fazer sofrer seus pais. Por que permitir que eles passem o resto da vida deles cuidando de um ser que apenas vegeta? Que sentido terá a existência para eles? Além do mais, caros colegas – falou o juiz, bem convencido de sua posição – não somos nós os que terão o encargo de cuidar dessa criança, se assim podemos chamá-la. Se a própria mãe não quer ter esse filho, se ela é quem terá a obrigação de cuidar desse estranho ser, penso que o tribunal deve apoiar o seu desejo de ver interrompida a gravidez, autorizando o aborto, imediatamente. É o meu voto.

Em seguida, tomou a palavra Otaviano. Olhando demoradamente para a mãe, o juiz iniciou o seu voto:

– Bem relatou o eminente juiz Ricardo Antunes que o presente caso exigiu intensas reflexões. Acho que são respeitáveis os argumentos de Sua Excelência, mas com eles não concordo, *data vênia*. Em primeiro lugar, devemos lembrar que a Constituição Brasileira, a lei mais importante do nosso país, contempla regra que assegura o direito à vida. O primeiro e mais importante de todos os direitos do homem é o direito à vida. Conceder o aborto é violar esse sagrado direito; é dar autorização para matar o embrião, ceifando-lhe a existência, sem possibilidade de defesa. Penso que nenhum outro direito pode se sobrepor ao direito à vida, a não ser se a gravidez importar em risco de vida para a própria gestante, hipótese que a cada dia vem se tornando mais rara em face aos avanços da medicina. Meu ilustre antecessor falou, com razão, das enormes dificuldades que a mãe enfrentará para cuidar da criança. É verdade. No entanto, embora reconhecendo a elevada dose de renúncia e abnegação que se exigirá dessa mulher, temos de concordar que o foco do problema não é esse. Não se põe na mesma balança o direito à vida do embrião e o direito à comodidade da mãe. A vida não é um bem menor em relação ao conforto materno. Por acaso, se o primeiro filho dessa mulher viesse a adoecer gravemente na adolescência, alguém pregaria o homicídio para aliviar os pais? Por certo, não! Então, por que extinguir a vida do feto?

"Por um lado, quem nos garante, com plena certeza, que a medicina amanhã não encontrará meios de cura dessa enfermidade! A ciência avança todos os dias, não sendo improvável que, mais cedo ou mais tarde, sejam descobertos procedimentos de cura ou, pelo menos, meios que minimizem o sofrimento alheio. Por outro lado, se eliminarmos os doentes, nenhum estímulo terão os cientistas para novas pesquisas, pois só nascerão pessoas saudáveis. A dor estimula o cientista a procurar o remédio. Se não houver dor, não haverá razão para novas descobertas. Devemos desenvolver uma cultura que valorize a vida, não a morte. Por essas razões, meu voto nega a autorização pleiteada, a fim de que venha ao mundo essa criança e que ela cumpra a missão que Deus lhe confiou."

Terminado o voto, a plateia sentia-se envolvida com o julgamento e deveras curiosa com o desfecho do caso. Como votaria o terceiro juiz? Chamado a pronunciar-se, Júlio de Castro Pereira iniciou o voto decisivo:

– Senhores, pouco me resta a dizer. Os dois magistrados que me antecederam analisaram a questão sob ângulos diversos. Cabe-me, apenas, optar por um dos posicionamentos. Eu acompanho o voto do doutor Ricardo Antunes. Sua Excelência apresentou razões práticas que recomendam a interrupção da gravidez. Deve ser prestigiada a vontade da mãe, dona de seu corpo, que não deseja dar à luz uma criança inválida para o resto da vida. Meu voto autoriza o aborto. Está encerrada a sessão.

Diante da sentença favorável, a mãe deu um grito de liberdade. Sua alegria, porém, contrastava com a aflição e o desespero de Rubens, o espírito reencarnante. Em poucos dias a gravidez seria interrompida, e Rubens daria início a mais um capítulo doloroso na história de sua existência.[5]

---

5. Embora sem total noção dos fatos, por força do processo reencarnatório, o embrião tem vida emocional própria. Segundo a doutora Marlene Nobre, o feto é um ser que sente emoções, experimenta prazer, dor, tristeza, angústia ou bem-estar e tem um relacionamento intenso com a mãe, sendo capaz de captar seus estados emocionais e perceber quais são os sentimentos de afetividade dela em relação a ele (*O clamor da vida*, FE Editora Jornalística Ltda., p. 41) (N.A.).

> "O oposto do amor não é o ódio,
> mas a indiferença."
>
> Érico Veríssimo

Momentos depois, ainda sob o impacto do julgamento, Mário dirigiu-se ao gabinete de Otaviano, conforme o combinado. Quando chegou, o magistrado já o aguardava:

– Pois bem, Mário, agora podemos conversar. O que achou do julgamento?

– Estou com a cabeça fervendo – respondeu Mário, aturdido. – Confesso que não saberia dizer qual a melhor solução para o caso. Ainda bem que não sou juiz.

– Depende de como você enfrenta o problema – respondeu Otaviano. – Se achar que o juiz está lá para resolver o problema dos pais, a decisão é fácil: interrompe-se a gravidez. Entretanto, se achar que deve proteger o feto, a criança que está por nascer, a solução é deixar essa criança vir ao mundo. Estamos diante de um conflito de interesses: o da mãe e o da criança. Qual deles deve prevalecer?

– O da criança, sem dúvida. Nenhum direito se sobrepõe ao direito à vida. Mas, eu fico pensando que proveito teria a vida para essa criança...

– Respondo-lhe com a seguinte pergunta: um pai sifilítico e uma mãe tuberculosa tiveram quatro filhos: o primeiro, cego de nascença; o segundo, morto logo após o parto; o terceiro, surdo-mudo; o quarto, tuberculoso. Essa mãe ficou grávida do quinto filho. O que você faria? – indagou o magistrado.

– Eu interromperia essa gestação – respondeu Mário, sem hesitar.

– Você teria matado Beethoven, meu caro Mário, você teria impedido que viesse ao mundo esse famoso gênio da música. Poderíamos ainda citar o caso do não menos famoso Thomas Alva Edison, um dos maiores cientistas da história mundial, que patenteou mais de mil invenções, apesar de surdo desde os doze anos de idade. Helen Keller ficou cega, surda e muda na primeira infância, mas isso não impediu que ela se tornasse uma das mulheres mais conhecidas do mundo moderno. Aos dez anos de idade, ela já lia pelo sistema braile e tempos depois se especializou na leitura de lábios pelas vibrações. Com a mão pousada num piano, percebia pequenos tremores que lhe permitiam sentir a melodia. Chegou a escrever livros que foram traduzidos para diversos idiomas. Se essas celebridades fossem concebidas nos dias de hoje, provavelmente não viriam ao mundo em razão dos problemas genéticos que decerto a medicina fetal identificaria.

— Estou espantado, professor — confessou Mário.

— Será que esse feto, cujo aborto foi hoje autorizado, não poderia amanhã vir a ser um grande cientista? Ainda que não fosse, por que razão deseja-se que somente venham ao mundo seres saudáveis? Não seria isso racismo cromossômico? E a nossa Constituição garante proteção aos portadores de deficiência, o que por certo exclui a ideia de matá-los. Mas vamos deixar esse assunto de lado. Diga-me, Mário, a que devo sua visita?

— Professor, permita-me ainda chamá-lo dessa forma. Estou desorientado, por isso vim procurá-lo.

— Em que posso ajudá-lo?

— Sabe, eu tive uma experiência desastrosa em meu primeiro emprego. Consegui uma vaga em um excelente escritório de advocacia e em duas semanas fui despedido.

— Mas o que ocorreu?

— Foi-me passado um caso de separação amigável e acabei contribuindo para a reconciliação do casal.

— Ora, isso foi ótimo! — comentou Otaviano, exultante.

— Não foi o que achou meu chefe. Ele ficou irado com o fato de ter perdido bons honorários.

— Mas ele não levou em consideração que o cliente ficou mais satisfeito?

— Por certo, não. Tanto foi assim que me despediu.

— Mas você não pode desanimar, Mário. Sua consciência está tranquila por ter feito o que era preciso. Se o casal estivesse separado, você estaria bem?

— Não, minha consciência não me daria tréguas.

– Então não se preocupe.

– Mas acontece que fui despedido, professor. Isso é o que não consigo entender. Se tivesse agido como queria meu chefe, não teria sido punido. Mas, como agi corretamente, fui despedido. Que justiça é essa, professor?

– Calma, Mário, não tire conclusões precipitadas. Já está na hora de você aprender novos conceitos. Todas as nossas condutas geram consequências que retornam a nós mesmos. Tudo o que semeamos na vida, nós mesmos colhemos. Se você plantar rosas, colherá rosas. Mas se plantar espinhos...

– O que o senhor está querendo dizer?

– Quero que você pense que a todo instante da vida nós estamos fazendo escolhas, opções. E amanhã estaremos vinculados a essas escolhas, inevitavelmente. Por exemplo: a pessoa que fuma fez uma escolha: ela pode fumar ou não fumar, mas escolheu fumar. Portanto, essa escolha implicará uma consequência: provavelmente, enfermidades das mais variadas. A todo momento estamos moldando nosso futuro com as escolhas que fazemos no presente. No seu caso, você fez uma escolha: entre separar o casal e tentar a reconciliação, você optou pela segunda possibilidade. Sua escolha trouxe felicidade para duas pessoas. Logo, amanhã você colherá o fruto desse bem, que retornará a você, tranquilamente. Se tivesse feito o que seu chefe queria, no futuro você experimentaria dificuldades em sua vida. Tudo o que fazemos aos outros, a nós mesmos fazemos. Receberemos amanhã o produto da nossa semeadura de agora.

Portanto, Mário, eu não tenho a menor dúvida de que um dia o universo se incumbirá de retribuir a você todo o bem proporcionado ao casal reconciliado.

— Assim espero, professor.

— Tenha certeza disso. As pessoas vivem iludidas com as conquistas obtidas à custa da infelicidade alheia. Um dia, porém, colherão todo o mal produzido. Por isso, é importante verificar, sempre, quais são as escolhas que nós estamos fazendo em nossa vida, meditar diariamente sobre as nossas opções, porque amanhã seremos escravos daquilo que escolhemos para nós mesmos.

— Puxa, professor, eu nunca tinha pensado no assunto.

— Você e muita gente, Mário. Quase todos vivemos com uma certa irresponsabilidade perante a vida. Fazemos opções a todo instante, mas não queremos ficar vinculados aos efeitos das nossas preferências. Precisamos amadurecer. Por falar em escolha, você pensa mesmo em ser advogado?

— Embora ache muito bela a profissão, o que eu queria mesmo era ser delegado de polícia. O senhor deve se lembrar da minha paixão pelo direito penal.

— É claro que me lembro! Você foi um dos melhores alunos na matéria. Mas por que não tenta a carreira de delegado?

— Acho difícil. O concurso é muito disputado e eu não teria tempo para estudar o suficiente. Além do mais, sou um simples advogado de periferia, e a gente ouve falar que nesses concursos só gente mais graúda consegue passar. Preciso cuidar da vida, professor, tenho várias contas a pagar, algumas bem atrasadas, e não posso perder tempo com castelos de areia. Seria muita ousadia de minha parte pretender a carreira de delegado de polícia.

– Olha, Mário, tudo é ousadia para quem a nada se atreve. Os homens fracos acham os corajosos ousados. Penso que você, como outro qualquer, não pode deixar suas pretensões abandonadas. Por acaso vai deixar o seu sonho de lado?

– Não gostaria, mas não resta alternativa.

– Resta, sim. Você tem de lutar pelos seus ideais, e o homem mostra o seu valor perante as dificuldades. Você é um homem talentoso, porém deve tirar da mente todas as limitações, medos e inseguranças que estão impedindo o seu progresso. Faça seu projeto de vida, organize o estudo, execute o planejamento e nada impedirá uma alma determinada. E fique sabendo, Mário, que viver é enfrentar o destino todos os dias.

– Como assim, professor?

– Um homem só pode dizer que está vivo quando afronta seu destino. Aliás, o destino somos nós quem construímos a cada momento. Toda evolução pressupõe uma espécie de parto, um grito pela vida, um desafio à nossa capacidade de superar os problemas. Todos os grandes homens aliaram um pouco de talento a muito trabalho. O gênio Thomas Edison dizia que na vida era preciso ter um por cento de inspiração e noventa e nove por cento de transpiração.

Agora mais diretamente inspirado por Sálvio, o velho professor prosseguiu:

– Lute por seus ideais, filho, realize o propósito de sua alma. De que vale a vida sem ousar, sem lutar por aquilo que se deseja? É para isso que viemos ao mundo: mostrar toda nossa potencialidade, desafiar a nossa condição humana. Nenhum obstáculo é intransponível. Recorde-se de que você já superou outros tantos muito piores, e esse será mais um degrau que saberá galgar.

Com lágrimas nos olhos, Mário não conseguiu conter a emoção:

– Professor, obrigado por mais essa aula inesquecível.

> "Saúda aquela criança que passa,
> será talvez um homem;
> saúda-a duas vezes,
> será talvez um grande homem."
>
> CONFÚCIO

Enquanto isso, no plano espiritual, Sálvio e Abel, para extrair lições de vida diante das leis eternas de justiça e amor, decidem acompanhar o casal Rosa e Vinícius, vivamente interessados em conhecer os desdobramentos daquelas três almas arremessadas a um tão grande sofrimento. Dois dias depois do julgamento, o casal já estava de posse do alvará para a realização do aborto. O procedimento cirúrgico estava marcado para o dia seguinte, nas dependências do hospital público da cidade. Naquela noite, porém, Sálvio e Abel presenciariam a última tentativa de demover o casal daquele desejo.

Por volta das onze horas da noite, os dois estavam na residência do casal. Ali já se encontravam Anacleto, protetor espiritual de Rosa, e o próprio Rubens, ainda ligado à mãe que o rejeitava. Vinícius e Rosa se recolheram aos seus aposentos e em breves minutos adormeceram. O sono, porém, significa apenas repouso para o corpo, porque o espírito liberta-se, temporariamente, da matéria que o abriga para continuar as experiências que lhe convém. Assim que parcialmente desligada do corpo, Rosa identificou a presença de Anacleto, por quem nutre profundo respeito. Rubens encontrava-se aturdido, semiconsciente, em virtude do processo reencarnatório já ter se iniciado desde o momento da concepção. Embora sem total noção dos fatos, Rubens sentia que sua mãe o rejeitava, percebia que ela não o desejava, que estava disposta a fazer qualquer coisa para interromper a gravidez. Ao assimilar a presença de Rubens, a mãe correu para os braços de Anacleto, exclamando:

— Venerando anjo do Senhor, socorre-me neste momento de dificuldades. Eu não suporto a presença dessa horrível criatura que está ligada a mim. Não quero ter esse filho, não sei a razão, mas tenho por ele um ódio profundo, não consigo ter nenhum sentimento positivo. Meu marido também não o suporta. Essa medonha criatura só me causa pavor e medo. Tire-o daqui, liberta-o das minhas entranhas! – gritou Rosa, em completo desespero.

— *Calma, minha filha* – falou Anacleto, paternalmente. – *A raiva é porta aberta para desequilíbrios maiores. O momento requer calma e reflexão, porquanto vocês estão tendo a bendita oportunidade de se harmonizarem perante as leis divinas.*

— Mas a justiça nos autorizou a fazer o aborto! – vociferou Vinícius.

— *Infelizmente!* – disse Anacleto. – *O peso da matéria não é facilmente rompido pelos que ainda não estão acostuma-*

dos ao contato da espiritualidade superior. O homem que acredita que a vida começa no berço e termina no túmulo ainda terá enormes dificuldades de amoldar suas ações aos ditames das leis cósmicas que governam os destinos da humanidade. A justiça da Terra pode ter consentido o aborto, mas isso não significa que, segundo as leis divinas, a interrupção da gravidez seja a justa solução. Ao contrário, vocês perderão valioso ensejo de reajustamento perante as leis celestes se consumarem o aborto.

— Mas que fizemos para merecer tamanha punição? — perguntou Rosa, confusa.

— *Não se trata de castigo, minha filha. Deus não pune seus filhos, pois Ele é a pura expressão do amor. Somos seres imortais e nossa vida está entrelaçada por sucessivas experiências. A vida é única, todavia se desdobra em diversas etapas por meio de múltiplas existências. A finalidade da reencarnação é a evolução do espírito. Nascemos, morremos, nascemos outra vez, essa é a lei. Em cada encarnação, passamos por experiências que visam proporcionar nosso progresso. Na escola, o aluno só progride quando passa de ano, quando assimila as lições transmitidas pelos professores. A Terra é nosso grande educandário; aqui estamos para crescer, para evoluir. A família, o trabalho, a vida social, o estudo são meios de que dispomos para alcançar essa evolução. Nem sempre aproveitamos adequadamente essas experiências.*

O instrutor Anacleto fez breve pausa, a fim de que o casal pudesse alcançar suas considerações. Aproveitou para avivar na memória espiritual dos dois algumas reminiscências importantes para a compreensão do caso e retomou o diálogo:

— *Vinícius e Rosa, amigos do meu coração. Não é a primeira vez que vocês e Rubens se encontram no planeta. Há várias encarnações vocês vêm experimentando diversas situações. Na derradeira experiência, viveram aqui mesmo no Brasil, por volta de 1850. Vinícius e Rubens eram irmãos naquela época, filhos de um rico fazendeiro, Leôncio Alcântara Braga, que explorava a lavoura de cana-de-açúcar. A Rosa de hoje era a filha única de um outro fazendeiro da época, cujas terras faziam divisa com a propriedade de Leôncio. Os dois filhos acabaram se apaixonando pela mesma mulher; todavia, por ingerências familiares, tão comuns às famílias da época, Rosa foi obrigada a se casar com Rubens, o filho mais velho de Leôncio. Entretanto, Rosa era apaixonada por Vinícius, e o casamento com Rubens foi dura provação, para ela e para o irmão preterido. Demais disso, Rubens era muito violento, inspecionava pessoalmente os serviços na lavoura e qualquer deslize dos escravos era corrigido com brutais chibatadas. Temido pelos escravos, vários deles morreram pelas mãos do patrão implacável e muitas escravas foram violentadas sexualmente por ele. Embora casada, Rosa mantinha acesa a chama do amor por Vinícius, no que era correspondida. Em encontros fortuitos, os dois trocavam juras de amor e promessas de união eterna. Dessa forma, tramaram a morte de Rubens. Todos os dias, Rosa deitava uma pequena dose de veneno na bebida do marido, e em pouco tempo a morte o colheu sem deixar vestígios, para surpresa da família e alegria dos escravos. Com isso, Rosa ficou livre para assumir seu amor por Vinícius, com quem se casou meses depois da morte de Rubens. No entanto, no mundo espi-*

ritual, Rubens descobriu o crime de que fora vítima e voltou-se, furioso, contra o irmão e a esposa traidora; não os abandonou, não deu paz nem trégua. A vida do casal tornou-se um verdadeiro inferno. Vinícius adoeceu gravemente e passou o resto de sua vida no leito, sem que os médicos descobrissem a causa da enfermidade. Com a morte de Vinícius, a esposa caiu em triste depressão até o fim de sua existência. No plano espiritual, as desavenças persistiram, porque a morte não modifica ninguém. Depois de várias recomendações dos mentores do bem, todos aceitaram a oportunidade de nova encarnação para o ajuste de contas. Essa é a breve história – finalizou Anacleto.

– Mas não teríamos outro jeito de reparar nossos erros? – perguntou Vinícius, angustiado.

– A princípio, não. É preciso que vocês voltem à vida no mesmo lar. No mesmo lar que vocês não souberam respeitar. Rubens voltará ao convívio de vocês, agora na condição de filho enfermo, necessitando de todo o carinho e respeito que vocês não souberam lhe dar no passado. Por isso, só o amor de vocês poderá apagar as marcas desse episódio de traição e vingança. Não desperdicem a oportunidade! – concluiu Anacleto, endereçando veemente apelo ao casal.

Rosa, assustada, despertou do sono:

– Acorda, Vinícius, acorda! – gritou ela.

– O que aconteceu, meu bem?

– Tive um pesadelo. Sonhei com um anjo que me pedia para aceitar esse filho. Ah! Que horror!

– Calma, meu bem. Foi só um sonho. Eu também sonhei com alguém que me parecia um inimigo desejando reaproximação. Mas são sonhos, nada mais. Vamos dormir que amanhã colocaremos um ponto final nessa história.

    No dia seguinte, na hora marcada, Rosa e Vinícius estavam no hospital. Anacleto os acompanhava, tentando fazê-los lembrar do diálogo que haviam tido na noite anterior. Rosa se lembrava vagamente do sonho, porém seu desejo de interromper a gravidez foi mais forte. Submeteu-se ao ato cirúrgico e se viu livre do feto. Contudo, não estava livre de Rubens, que agora, mais irado, prometia implacável perseguição aos antigos desafetos.

"Amor, imbatível amor."

JOANNA DE ANGELIS

Dois dias após a realização do aborto, vamos encontrar Sálvio e Abel na residência de Rosa. Notaram a mulher de Vinícius emocionalmente abatida, prostrada na cama, com intensa enxaqueca. Seu protetor Anacleto dispensava-lhe especial atenção, proporcionando-lhe fluidos de refazimento e alívio. No entanto, as energias dispensadas pelo mentor não eram totalmente absorvidas por Rosa. O remorso pelo ato cometido começava, pouco a pouco, a ferir sua consciência. Anacleto convidou Sálvio e Abel a examinarem, com atenção, os pensamentos de Rosa:

— Vejam, meus amigos, o drama que se instalou em nossa companheira. Notemos o que lhe vai pela mente:

— Assassina! Assassina!

— Mas quem acusa nossa irmã? – perguntou Abel.

— Sua própria consciência, meu caro Abel. O homem pode driblar os códigos terrenos, mas não escapa do tribunal de *sua própria consciência* – respondeu Sálvio, com a concordância de Anacleto.

– *Mas como isso funciona?* – indagou Abel, ansioso por esclarecimentos.

Procurando satisfazer as necessidades de aprendizado de Abel, o instrutor Sálvio respondeu:

– *As leis de Deus estão escritas em nossa consciência. Fomos criados à imagem e semelhança de Deus, conforme está escrito no livro da Gênese. Todavia, esse princípio não quer dizer que tenhamos semelhança física com Deus. Significa que a nossa essência é divina, nela estão os germes da bondade, do amor, da fraternidade, do perdão, enfim, de todos os atributos da perfeição. As leis de Deus estão escritas na consciência do homem, tal como a assinatura do artista está em sua obra. Portanto, quando o homem delibera contra as leis de Deus está, na verdade, deliberando contra si mesmo. No Evangelho de Jesus, encontramos um episódio esclarecedor. Quando os soldados chegaram a Jesus para prendê-lo, Pedro, que trazia uma espada, estendeu a mão, tirou-a da bainha e feriu um dos servos do sumo sacerdote cortando sua orelha direita.*

– *E qual foi a reação de Jesus?* – questionou Abel, curioso.

– *Foi de total reprovação ao ato de seu discípulo. Merece reflexão o que ele disse a Pedro: "Deixa! Basta! Põe a tua espada no seu lugar, embainha a tua espada, pois todos os que lançarem mão da espada morrerão pela espada". Portanto, Jesus demonstrou a existência de lei soberana: nossos atos guiarão o nosso destino. Se você for violento, sofrerá violência; se* não respeitar o próximo, não será respeitado; se não der amor, não será amado. Se ferir, será ferido. Quem critica o próximo amanhã será criticado. É por tal razão que o célebre Francisco de Assis orava pedindo a Deus que o ajudasse a mais amar do que ser amado, mais perdoar do que ser perdoado, mais compreender do que ser compreendido.

— E como entender o caso de Rosa? — perguntou Abel, outra vez.

— Rosa já sente a consciência culpada. Os gritos de "Assassina! Assassina!" são reflexos de sua própria consciência, que a condena pelos dois homicídios de Rubens. É claro que Rubens a acusa do assassinato, mas é a sua consciência culpada que registra os ataques do verdugo.

— E agora? O que sucederá a Rosa? Passará o resto de sua vida nesse desespero? — questionou Abel.

Tomando a palavra, Anacleto respondeu:

— Dependerá exclusivamente da conduta dela. Deus não deseja que seus filhos permaneçam no remorso improdutivo. As leis divinas operam sempre em favor da nossa reabilitação. De nada adiantaria ficarmos na lamentação, remoendo o erro praticado. Depois do remorso, haveremos de reparar nossas faltas, tão logo nos seja possível. Se quiser, Rosa ainda poderá receber Rubens como filho nesta encarnação. É claro que ele voltará mais arredio, mais agressivo, pois registrou em seus arquivos psíquicos o aborto de que foi vítima. Mas, o amor ainda é o único remédio capaz de curar essas desavenças.

— Poderíamos dizer, como se costuma citar na Terra, que Rubens é um carma na vida de Rosa e Vinícius? — questionou Abel.

— De forma alguma. As pessoas não compreenderam bem essa situação. Ninguém é um carma na vida de outra pessoa. Em regra, as pessoas se referem ao carma como uma situação negativa, como uma pedra no sapato, algo que nós devemos aturar. Mas é exatamente o contrário: Rosa ainda não foi capaz de amar e respeitar Rubens e por duas vezes chegou a ponto de exterminar sua vida. Rubens, portanto, é um ensejo para que Rosa se reabilite perante a vida. Tanto Rosa como Vinícius ainda não aprenderam as lições do amor fraternal; pensam exclusivamente em si próprios e não medem esforços para eliminar tudo aquilo que contraria seus interesses pessoais. Aliás, nesse aspecto são muito parecidos com o próprio Rubens. Dessa forma, recebendo um filho problemático, que requisitaria cuidados constantes e redobrados, Rosa e Vinícius teriam a oportunidade de desenvolver o amor fraterno, dissipando, ao mesmo tempo, as desavenças do passado. Portanto, Rubens não seria um problema, mas sim uma ponte para a evolução dos dois. Rosa e Vinícius teriam muito o que aprender com essa situação.

— E Rubens? — perguntou Abel.

— Rubens, da mesma forma. A doença já detectada pela medicina não seria punição. Rubens sempre foi muito violento, queria resolver os problemas na base da agressão, física ou verbal. Nunca respeitou as pessoas, sempre quis ser muito independente, nunca aceitou a ajuda dos outros, achava-se autossuficiente. Mandava e desmandava, feria, iludia corações, traia amizades sinceras. O mundo deveria girar em torno de si. Foi assim que ele viveu nas últimas encarnações. As orientações recebidas no plano espiritual, bem como de alguns amigos encarnados, não lhe foram suficientes para a mudança de conduta. Dessa forma, agora deverá reencarnar com extensas limitações físicas.

– O senhor está se referindo às doenças?

– Exatamente. Todas as violências perpetradas por Rubens ao longo de suas últimas experiências no planeta ficaram registradas em sua memória espiritual, desorganizando o perispírito. O espírito traz gravado em si mesmo os registros de suas aquisições e de seus desatinos. Esse foi o motivo pelo qual Rubens contagiou-se com o vírus contraído pela mãe. Se tivesse merecimento, estaria imunizado contra a enfermidade.[6] A lição de Jesus comentada por Sálvio agora se aplica. Rubens não guardou a espada e por ela acabou se ferindo. Na próxima reencarnação, seu corpo físico registrará toda a violência que ele praticou contra os outros, o que não deixou de ser uma autoviolência.

– Então isso seria uma punição pelos seus erros! – comentou Abel.

– Punição não é a melhor palavra, Abel – respondeu Anacleto, amorosamente. – A doença de Rubens será para ele valioso auxílio. Nesse caso, a enfermidade atuaria como mecanismo de contenção de seus impulsos violentos. A fragilidade física obrigaria Rubens a rever seus impulsos, buscar outras formas de se relacionar. Além do mais, ele perceberia que sua

---

6. Para mais esclarecimentos, leia o excelente livro *Gestação, sublime intercâmbio* do médico Ricardo Di Bernardi, Livraria e Editora Universalista (N.A.).

vida depende dos constantes cuidados de outras pessoas; veria então a sua fragilidade, a sua dependência, enfim, verificaria que todos nós dependemos uns dos outros, que ninguém é melhor do que ninguém. Aliás, já está reencarnado no planeta aquele que seria seu médico em toda a sua existência.

— E quem seria?

— Um dos escravos que Rubens chicoteou até a morte.

— Mas como as leis divinas são sábias! — ponderou Abel.

— Correto, meu irmão. No fim de sua existência, Rubens seria eternamente grato àqueles que o ajudaram a superar suas dificuldades e então descobriria que entre eles estiveram, como seus pais, os inimigos do passado, então recuperados pela força imbatível do amor.

— Fantástico! — exclamou Abel. — Pena que tudo isso foi jogado fora!

— Diria que a oportunidade foi adiada, meu amigo — disse Anacleto. — É evidente que isso tem um preço, pois Rubens continuará a atormentar o casal. No entanto, a providência divina proporcionará novas oportunidades de reajustamento.

— Eu gostaria de fazer uma última pergunta — disse Abel. — O que dizer das mulheres que abortaram e que não têm mais condições de procriar? Estariam definitivamente condenadas?

— De forma alguma. Deus não condena ninguém. Todos nós erramos com frequência e não há na face da Terra quem esteja livre de tropeços. Além do mais, não podemos generalizar, pois podem existir circunstâncias atenuantes em cada caso. Nenhum aborto é igual ao outro, como nenhum crime é semelhante ao outro. O que mais importa é a nossa capacidade de recuperação diante do erro praticado. Deus não quer choros, lamentações, dramas de consciência. Como já disse, a vida coopera para a nossa reabilitação, não para que fiquemos em vão na prisão das nossas culpas. Por isso, diante do erro, busquemos sanar o equívoco pelo amor. Esse é o remédio sagrado para as nossas feridas. Se a mulher não pode mais ter filhos, que ame os filhos que não têm mãe. O instituto da adoção aí está para os que decidirem amar os que foram abandonados por seus pais biológicos. Mas, se, ainda assim, a adoção não for possível, há milhares de crianças nas ruas, nos orfanatos, nos hospitais reclamando um pouco da nossa atenção, um sorriso, um abraço, um aperto de mão. Culpar-se, nunca, mas reabilitar-se, sempre, eis aí um programa de amor que podemos estabelecer em razão das nossas inevitáveis quedas.

Tendo encerrado o proveitoso diálogo, Anacleto, respeitável entidade da vida maior, convidou Sálvio e Abel para juntos orarem em favor do casal:

— Senhor Deus, Justo e soberanamente Bom. Olhai por todos nós, Seus filhos ainda reincidentes no cumprimento de Suas leis sabiamente justas. Olhai por Seus filhos Rosa, Vinícius e Rubens, permitindo que eles se ajustem perante a Lei do Amor, sem a qual jamais poderão experimentar a real felicidade em sua vida. Quanto a nós mesmos, Pai, derramai o Vosso Amor vigoroso, para que possamos nos inundar desse sublime sentimento e sermos justos, fraternos e mansos. Que assim seja.

O sol do fim de tarde já se despedia, deixando um fino rastro dourado por entre as flores do jardim da residência do casal e penetrando as frestas da janela do quarto onde estava Rosa. Parecia que a vida procurava uma brecha para invadir seu coração, derramando luz, paz e entendimento.

> "O bem que praticares em algum lugar,
> é teu advogado em toda parte."
>
> Chico Xavier

Duas semanas após o encontro no tribunal, vamos rever Mário em sua residência, deveras aflito, sem emprego e preocupado com as contas vencidas. A situação havia se agravado porque o proprietário da casa onde residia com a mãe havia movido uma ação de despejo. Por não terem dinheiro, corriam o risco de serem despejados.

– Ah, mãe, o que vamos fazer?

– Continuar orando, filho. Onde mais depositar nossa confiança senão nos desígnios de Deus?

– Parece que Deus se esqueceu de nós, mãe! Veja que situação: eu, desempregado, sendo sustentado pela senhora, que já devia estar aposentada, e ainda podemos ser despejados a qualquer momento. Estou com quase trinta anos, nem namorada tenho. Também, quem vai querer ficar com um pé-de-chinelo como eu? Que futuro me aguarda?

Acho que vou esquecer esse negócio de advocacia e procurar qualquer outro emprego. Vou trabalhar de garçom, lavar pratos...

— Não acho que seja o seu caso, filho, mas também não vejo nenhum problema se fosse preciso você trabalhar em outra profissão. Todos os ofícios do mundo são importantes. Sabe, filho, quando eu e seu pai trabalhávamos na rua, recolhendo sucata, sentíamos orgulho de saber que o nosso insignificante trabalho tinha o mérito de deixar a cidade um pouco mais limpa. Muitas vezes, recolhíamos não apenas o material que nos interessava, mas também o lixo jogado indevidamente na rua, e o colocávamos nos cestos da prefeitura. Ficávamos orgulhosos de deixar a cidade mais limpa. Portanto, todo trabalho é digno, só depende de como a pessoa o exerce. Eu acredito, porém, que você precisa ter um pouco mais de paciência, Mário, pois tenho certeza de que a ajuda do céu não tardará.

Ana estava certa. Horas mais tarde, uma visita inesperada bateu às portas da casa de Mário.

— Boa tarde. Por favor, é aqui que mora o doutor Mário?

— Ah, o Mário? Meu filho?

— Bem, o advogado, doutor Mário...

— Sim, espere um minuto que ele já vem...

Sem poder imaginar quem o procurava, Mário surpreendeu-se com a inesperada visita:

— Dona Beatriz! O que a senhora está fazendo aqui?

— Ora, estou à procura de um advogado! O senhor por acaso conhece algum? – falou Beatriz em tom de brincadeira.

— Eu conheço vários. Mas a que devo a sua visita, dona Beatriz? – perguntou Mário, curioso. – Algum problema no casamento?

— Não, Mário. Tudo está bem. Estamos vivendo como dois jovens namorados. Depois daquela audiência, voltamos ao lar e reiniciamos a vida conjugal como nos primeiros tempos de casados. Estamos muito felizes e devemos isso ao senhor. Aliás, quero pedir desculpas por não ter contado a você todos os fatos. Tinha muita vergonha de confessar certos detalhes... Acho que você pode me compreender. Mas graças a Deus o senhor entrou em nossa vida e, por força de seu trabalho, eu e o Dantas ainda estamos casados.

— Não diga isso, dona Beatriz, eu só fiz a minha obrigação. Mas não me diga que a senhora veio aqui só para me agradecer?

— Não só. Como lhe disse, estou precisando de um advogado. Eu e o Dantas pensamos muito e resolvemos procurá-lo.

— Mas por que não procuram o doutor Romualdo?

— A princípio, pensamos nele. O Dantas o procurou, pedindo ao doutor Romualdo que o nosso caso fosse repassado a você. Foi aí que ficamos sabendo que o amigo não estava mais no escritório.

— E o que o doutor Romualdo comentou a meu respeito? – inquiriu Mário.

— Disse que você tinha pedido as contas, que não advogaria mais...

— Que mentira! — exclamou Mário.

— Foi o que pensamos. Não sentimos confiança nas declarações do doutor Romualdo.

— Mas diga-me: como descobriu o meu endereço?

— Não foi difícil. Uma das secretárias do doutor Romualdo é muito amiga do meu marido; ela deve vários favores ao Dantas, inclusive o próprio emprego. Dantas conversou com ela e descobrimos tudo o que se passou com você; soubemos da injustiça cometida pelo doutor Romualdo. Essa mesma funcionária nos passou o seu endereço. Por isso, tentando reparar esse erro, aqui estou para saber se você gostaria de aceitar o patrocínio de nossa causa.

— Bem, e do que se trata?

— Minha mãe faleceu há muitos anos e até hoje não tive coragem de fazer o inventário. Mas agora não podemos protelar essa medida; vários negócios da família dependem dessa providência. Mamãe deixou muitos bens e acho que o inventário deve dar um pouco de trabalho. Você aceitaria o caso?

— Olha, dona Beatriz, a senhora pode ver que nem escritório tenho. Moro nesta casa que nem minha é; aliás, estamos prestes a ser despejados por falta de pagamento. Como posso ser advogado de uma família tão distinta como a da senhora? — perguntou Mário, envergonhado.

— Não me importa a sua condição social, meu jovem rapaz. Importa-me a sua honestidade, o seu caráter, o seu amor à profissão. E eu já tive provas suficientes da sua competência. De nada me adianta pisar em escritórios com tapetes vermelhos se não encontrar profissionais éticos, honestos, como o senhor. Tem certeza de que não deseja o patrocínio dessa causa?

— Se a senhora não se importa com a minha pobreza, eu aceito.

— Se achasse isso relevante, não teria tocado a campainha da sua casa. Está contratado. Passe amanhã no escritório do Dantas e ele lhe dará toda a documentação necessária.

— Está bem, dona Beatriz. Pode contar comigo.

— Precisamos de você. Até breve, Mário. E muito obrigada por tudo. Aliás, eu já ia me esquecendo de uma coisa.

— O que foi?

— Todo bom advogado nunca se esquece de cobrar seus honorários. Aqui está um adiantamento pelos serviços que realizará. Acho que isso pode ajudá-lo neste momento.

Depois de assinar, Beatriz entregou, o cheque a Mário, abraçando-o, agradecida, e despedindo-se, finalmente. Certificando-se de que Beatriz havia ido embora, Mário conferiu o cheque recebido:

— Meu Deus! Cinco mil reais! Mãe! Venha logo aqui!

— Que bom, meu filho! Eu escutei toda a conversa. Sabe como é casa de pobre, né? Deus ouviu nossas preces.

— Mãe, esse dinheiro dá para pagar nossas contas atrasadas, e ainda sobra um pouquinho para o mês que vem.

— Viu como é bom ser bom, filho? — disse Ana.

— É verdade, mãe. Eu estou lembrando o que falou o doutor Otaviano a respeito desse caso.

— E o que foi?

— Ele me disse que na vida nós plantamos e colhemos o que semeamos. Falou que eu ainda colheria bons frutos por ter contribuído para a reconciliação do casal Dantas. E hoje vi que isso é uma verdade. Engraçado, de onde será que ele tirou essa lição? O doutor Otaviano fala umas coisas diferentes, tem uma visão da vida mais aberta, fala de umas leis que a gente não aprendeu na faculdade.

— Ah, filho, ele deve ser um homem muito bom. É sabedoria de vida.

— Acho que não é só isso. Conheço muita gente mais velha do que ele e nem por isso tem a cabeça que ele tem. Quem sabe um dia descubro a fonte em que ele bebe tantos conhecimentos sublimes.

— É verdade, filho. As pessoas iluminadas têm muito a nos ensinar. Foi por isso que a dona Lurdinha falou para você procurar esse homem.

— Sabe, mãe, com essa causa vou ganhar um bom dinheirinho. Vai dar para nos sustentar por alguns meses sem precisar de outro emprego, e enquanto isso posso me dedicar ao concurso para delegado.

— Que maravilha, filho. Agora só falta você arranjar uma namorada! — falou Ana, brincando.

— Ah, mãe, quem me dera encontrar alguém...

"A permanência é uma ilusão.
Somente a mudança é real.
É impossível pisar duas
vezes no mesmo rio."

HERÁCLITO

Três meses já se passaram e vamos encontrar Mário, bem mais animado, examinando, no fórum, o processo do inventário. Tudo caminhava bem. Mário estava confiante, estudando bastante para o concurso para delegado de polícia que em breve se realizaria. O inventário tramitava normalmente, faltando poucas providências para seu término. Aproveitando a presença de Mário no fórum, Sálvio e Abel o acompanharam para novos aprendizados. O pai de Mário estava espantado com o que via:

— *Mas, Sálvio, eu jamais poderia supor que fosse encontrar no fórum o que os meus olhos estão registrando!*

— *É, meu amigo, os homens ainda teimam em ignorar a interpenetração que há entre o mundo físico e o mundo espiritual. Essas realidades não estão separadas, como pensa a maioria das pessoas. Muitos acreditam que a morte é a grande aniquiladora da existência. No entanto, aqui vemos que a morte* não existe, pois o ser que um dia animou um corpo físico continua vivo além da sepultura. E, muitas vezes, continua a interagir com o chamado mundo dos vivos. Para melhor compreensão, vamos conversar com aquele irmão que está na porta da sala de audiências.

— E de quem se trata? — perguntou Abel.

— É o Macedo, desencarnado há mais ou menos dois anos. Homem rico, deixou um patrimônio considerável à viúva e aos dois filhos.

— E por que razão ele está aqui no fórum?

— Para falar a verdade, ele quase não sai daqui. Desde que a família deu início ao processo do inventário, Macedo não abandona o fórum.

— E qual o motivo? — indagou Abel, curioso.

— Macedo foi um homem muito apegado aos bens terrenos. Trabalhava diuturnamente, tinha jeito para o comércio e conseguiu formar um excelente patrimônio. Ele sempre fez questão de manter a esposa e os filhos alheios aos negócios da empresa. A eles dispensava todo o conforto possível, viagens, passeios, restaurantes finos, embora ele mesmo nunca estivesse com a família nesses momentos. Os filhos estudaram nos melhores colégios. Nunca deixou a mulher trabalhar; os filhos, nem pensar: só deveriam estudar. Agora a família está em dificuldades porque não tem estrutura pessoal para administrar o patrimônio deixado por ele. Vamos obter mais informações — interrompeu Sálvio.

Aproximando-se, Sálvio fez os cumprimentos:

— Como vai, Macedo? Como tem passado?

– Ah, meu amigo, muito mal. Há tempos estou aqui para ver se consigo falar com o juiz, mas não me deixam entrar.

– Mas o que o aflige tanto?

– A empresa, meu amigo. Minha empresa está à beira da falência. Eu coloquei toda a minha vida naquela empresa e agora estou vendo tudo desmoronar. A minha mulher não quis saber de tocar a fábrica e os meus filhos também se recusaram a pegar no batente. Deixaram tudo nas mãos de um funcionário maldoso que, pouco a pouco, está dilapidando todos os bens da sociedade. Se essa situação persistir, em pouco tempo a empresa vai à bancarrota. Eu tenho tentado dizer isso aos meus familiares, mas eles nem sequer me escutam. Aliás, até já esqueceram que eu existo. A minha mulher só quer saber de festas, viagens, jogos. Leva uma vida frívola.

– E os seus filhos? – questionou Abel.

– Os meus filhos estão perdidos. Todos formados, bem formados, diplomados pelas melhores universidades, mas ignorantes das realidades da vida. Nenhum deles quer nada com o trabalho. Só vivem em festas de moral duvidosa; usam roupas caríssimas; andam em carros importados. Gastam, mas não sabem quanto custa ganhar o dinheiro. Nenhum deles tem noção de que essa vida fácil um dia vai acabar, e não vai demorar muito.

– Será que o amigo já pensou que, de certa forma, acabou contribuindo para esse estado de coisas? – ponderou Sálvio, respeitosamente.

– Hoje vejo que sim – falou Macedo, desapontado. – Protegi muito a minha família. Nunca deixei que eles se inteirassem dos negócios da empresa, nunca permiti que a minha

mulher aprendesse a dirigir o próprio carro, nunca consenti que os meus filhos fossem trabalhar. Dei a eles tudo de mão beijada e agora ninguém sabe como cuidar dos meus negócios.
— Dos seus? — perguntou Abel.
— Sim, dos meus negócios, da minha empresa. Por isso eu preciso falar com o juiz, alertar Sua Excelência do que estão fazendo com a minha empresa, dizer a ele que estão roubando o meu patrimônio. Eu tenho de impedir a falência. Ajudem-me, por favor!
— Calma, Macedo. Assim não solucionará problema algum — falou Sálvio, amorosamente. — Tenho certeza de que seus anseios estão sendo examinados pelos benfeitores espirituais deste local. Prometo-lhe interceder a seu favor.
— Faria isso por mim?
— Claro, fique tranquilo. Agora procure descansar. Encontre um jardim, uma igreja, um templo e ore pedindo a Deus a justa solução para o seu problema.
— Está bem, mas amanhã eu volto, porque não posso esperar muito.
Na porta da sala do juiz, o irmão Clemente, venerável entidade que auxilia naquele local, aproximou-se do grupo para enriquecer o aprendizado de Abel:
— Ora, ora, que prazer em avistá-lo, Sálvio. Em que posso ajudá-lo?
— Estamos aqui acompanhando Mário, nosso tutelado. Enquanto isso, Abel, que foi seu pai na derradeira encarnação, acompanha-nos em tarefas de aprendizado. Aliás, Clemente, há quanto tempo trabalha neste local? — indagou Sálvio ao amoroso benfeitor.

— Há mais de trinta anos coopero com as atividades espirituais que se desenvolvem neste templo da justiça terrena.
— Atividades espirituais? — perguntou Abel, espantado.
— Exatamente. Vocês tiveram o ensejo de examinar o caso de Macedo e puderam avaliar o imenso trabalho que temos neste local. Igual a este existem muitos outros. Logo mais daremos um rápido passeio no fórum e vocês poderão verificar a extensão dos nossos serviços, que se desdobram nos bastidores dos tribunais.

O irmão Clemente era o mentor responsável pela proteção espiritual que se desenvolvia naquele fórum. Sob sua supervisão, cerca de trinta colaboradores davam-lhe a sustentação necessária. O serviço era ininterrupto, prosseguindo mesmo nas horas em que o fórum estava fechado. Sem aguentar a curiosidade, Abel formulou a primeira pergunta:

— Irmão Clemente, o senhor poderia me esclarecer por que vemos tantos espíritos ainda comparecendo aos tribunais, reivindicando seus direitos como se ainda estivessem na Terra?

— Falou bem, Abel. Muitos desses irmãos ainda não se desligaram dos problemas que ficaram no plano físico. Vejam o caso de Macedo, que aqui comparece diariamente há mais de um ano. Ele ainda se julga dono da empresa; sente que a fábrica ainda lhe pertence. A sensação de apego aos bens materiais é muito forte; ele jamais pensou que era apenas administrador provisório dos bens que a vida lhe confiou.

— Como assim? — perguntou Abel.

— Na verdade, nada nos pertence em definitivo. Somos meros usufrutuários dos bens que a vida nos concedeu para o *desenvolvimento de nossas potencialidades. Um dia, restituiremos tudo ao universo. Seja pela falência, pelo roubo ou pela morte, todo o nosso patrimônio um dia sairá do nosso domínio. Entretanto, o homem ainda não aprendeu essa lição, mesmo ante a evidência da morte, e continua vivendo como se tudo lhe pertencesse para sempre. E, quando a morte o visita, ele tem imensa dificuldade de admitir que seus bens não lhe pertencem mais.*

— E por que razão ele alega que não o deixam conversar com o juiz? Isso seria possível? — questionou Abel, curioso.

— Sim, seria. No entanto, no caso de Macedo isso ainda não foi permitido porque a solicitação não foi julgada oportuna por nossa equipe.

— Mas como? A empresa está prestes a falir!

— É possível. Mas isso representaria um aprendizado necessário a todos os envolvidos. Macedo seria o primeiro beneficiado, dadas as suas condições, ainda excessivamente apegado aos bens terrenos. Com a falência, Macedo seria compelido a refletir sobre a transitoriedade dos nossos títulos perante a vida. Seria forçado a examinar que não era proprietário dos bens que a vida apenas lhe emprestou por um período de tempo. Enfim, teria de considerar a mais dura lição para a grande maioria daqueles que vivem na Terra esquecidos das realidades espirituais: a lição do desapego. Nada da Terra, de fato, nos pertence em definitivo. Tudo é transitório, nada é permanente.

— E qual seria então a utilidade da riqueza? — perguntou Abel.

— A riqueza é uma dura prova, Abel, nem sempre o homem rico sai vencedor dessa experiência. Ela é um empréstimo divino para que o homem possa conquistar novos horizontes na vida pessoal e na comunitária. Jamais, porém, podemos amaldiçoar a riqueza, pois o dinheiro traz progresso social, gera trabalho, constrói escolas, hospitais, incentiva pesquisas científicas, melhora, enfim, a qualidade de vida das pessoas. Todavia, o problema pode surgir quando o homem apenas retém o patrimônio para benefício próprio, esquecendo-se de que ele é apenas uma peça na grande engrenagem da vida e que deve fazer circular todos os benefícios recebidos. As leis divinas trabalham pela multiplicação; quem mais multiplica, mais recebe. Ao contrário, quem mais retém, menos recebe. Por isso que o egoísmo é uma grande chaga da humanidade, porque ele reflete a condição do homem de viver pensando apenas em si próprio. Macedo hoje está colhendo o fruto da sua semeadura. Durante toda a vida, construiu um excelente patrimônio, mas nunca quis saber de multiplicar a sua riqueza com a humanidade. Esqueceu-se de remunerar condignamente seus funcionários, a quem pagava míseros salários. Enquanto seus filhos estudavam nos melhores colégios, os filhos de seus empregados nem tinham escola pública nos arredores da fábrica. Por diversas vezes, seus funcionários lhe pediram para construir uma pequena escola na região, mas ele sempre respondeu que isso era obrigação do governo e que já pagava impostos demais para tirar mais dinheiro do seu bolso. O que os funcionários desconheciam era que Macedo era um grande sonegador de impostos. Veja, Abel, que hoje um dos seus funcionários, a quem ele negou ajuda para tratamento de saúde do filho, é quem está no comando da fábrica, roubando toda a fortuna da família. Olvidou nosso amigo que, para chegar à fortuna amealhada, contou com uma saúde perfeita, teve a possibilidade de estudar e reencarnou em uma família que lhe propiciou oportunidades de crescer profissionalmente.

— Puxa, é uma lição e tanto!

— É a lição necessária, não um castigo. É apenas o fruto das experiências que ele mesmo semeou. Quanto à família, a falência também terá sabor de aprendizado. Mãe e filhos sempre tiveram tudo nas mãos e, com a quebra da empresa, terão de se movimentar para buscar recursos para a própria subsistência. A esposa de Macedo terá de trabalhar, pela primeira vez em sua vida, o que a obrigará a desenvolver potencialidades que estavam adormecidas na ociosidade. Os filhos também cairão na realidade e precisarão redirecionar a vida deles. O remédio talvez seja um pouco amargo, mas é absolutamente necessário.

— Por acaso, isso seria manifestação da Justiça Divina? — perguntou Abel.

— Perfeitamente, meu amigo — ponderou irmão Clemente. — O mundo é regido por leis universais que governam nossa vida, cujo principal objetivo é estimular a nossa evolução. Os problemas que surgem em nossa caminhada são mecanismos necessários ao nosso despertamento espiritual, e não punições divinas pelos nossos tropeços. Deus deseja o nosso crescimento e estabeleceu leis cósmicas que visam manter a harmonia do universo, ao mesmo tempo em que nos educam aos princípios *superiores da vida*. Quando você está com um problema, deve se empenhar em encontrar as soluções necessárias e sempre partir das causas que geraram as dificuldades. Procurando superar suas dificuldades, o homem cresce, evolui, encontra novas maneiras de viver. É a partir da experiência que o homem cresce; por isso temos a oportunidade de reencarnar diversas vezes. Macedo, porém, procurou isolar os familiares de suas responsabilidades, das dificuldades naturais da vida, do trabalho; por isso evoluíram muito pouco, porque não foram estimulados. É um engano de muitos pais não deixarem seus filhos trabalhar, a pretexto de que eles só devem estudar. Quanto mais o filho for estimulado a assumir responsabilidades, respeitando-se, obviamente, os limites da idade, mais maduro ele se apresentará para a vida.

Abel estava surpreso com as considerações do irmão Clemente. Jamais poderia imaginar que a vida sempre trabalha pelo nosso bem, pelo nosso melhor. Lembrou-se de como a existência estava sendo dura com seu filho, mas agora começava a entender que tudo tem um motivo e que Deus jamais se engana.

Sálvio e Abel acompanharam irmão Clemente em rápida revista pelo fórum. Nos corredores, nas salas de audiências, nos cartórios, avistara diversos espíritos interessados no andamento dos trabalhos forenses. Como o cenário lhe era totalmente novo, Abel não escondeu a sua curiosidade:

– O que fazem todos esses espíritos que aqui se encontram?

– Estão aqui com as mais diversas finalidades. Alguns estão na mesma condição de Macedo: apegados aos problemas *materiais, aos bens que deixaram na Terra, ainda se julgam donos de tudo o que ficou no plano físico e compareçem ao fórum para reclamar seus pretensos direitos. Outros, porém, apenas compareçem para pedir em favor de afetos que ficaram no plano físico e que estão envolvidos em algum processo judicial. Veja aquela irmã que está no interior do cartório. Percebe o que ela faz?* – perguntou Clemente.

– *Parece que está sentada sobre uma pilha de processos* – afirmou Abel.

– *E está mesmo. Seu filho está sendo processado criminalmente por tráfico de entorpecentes e ela vem aqui pedir pela absolvição dele.*

Irmão Clemente dirigiu-lhe a palavra:

– Como tem passado, Judite?

– Muito mal. Como posso ter paz se meu pequeno César está preso naquela cadeia imunda e prestes a ser severamente condenado? Preciso livrá-lo dessa situação.

– Mas ao que nos consta seu filho, de fato, vem se dedicando ao comércio de drogas, não é mesmo, Judite?

– Ele vende para quem deseja comprar. Não oferece a inocentes.

– Mas isso faz alguma diferença, minha irmã? – questionou irmão Clemente. – Por acaso, aquele que deseja experimentar droga também não seria digno da nossa consideração? Já pensou em quantos jovens seu filho arrastou para o fundo do poço? Quantos lares destruiu? Quantas vidas ceifou?

– Ah, não me venha novamente com lições de moral. Eu preciso livrar meu filho dessa enrascada.

— Poderia ter feito isso quando ainda estava no plano físico, minha irmã.

— Mas, como? — perguntou a mãe, admirada com a afirmação do mentor.

— Impedindo que ele se viciasse. Primeiro foi o cigarro, depois a bebida, e daí para a cocaína foi um passo muito curto. Aliás, tudo isso seu filho encontrou dentro da própria casa. Se a irmã deseja, de fato, a recuperação de seu filho, confie em Deus e deixe que o melhor se faça por ele.

— Nunca, nunca! Eu preciso livrá-lo da prisão.

— A irmã deseja mesmo ajudar seu filho?

— Mas é claro!

— Então vamos presenciar o julgamento que deve estar para começar. Prometo que prestaremos o melhor auxílio para seu filho.

Na sala de audiências, César estava algemado, profundamente abatido. O irmão Clemente conduziu Judite ao recinto, acompanhado de Sálvio e Abel. Na porta da sala de audiências, dois colaboradores de Clemente guardavam o recinto, impedindo que influências espirituais nefastas prejudicassem o andamento dos trabalhos. Iniciada a audiência, o juiz passou a ouvir as testemunhas de acusação, que confirmaram a condição do réu como traficante de drogas. Durante os trabalhos, três espíritos de baixa condição vibratória, de aspecto horripilante, tentaram entrar na sala. Foram, porém, barrados pelos colaboradores de Clemente. Percebendo o pequeno tumulto, o venerando mentor fez um aceno aos vigias, autorizando o ingresso daqueles espíritos no recinto. Assim que entraram, Abel perguntou a Sálvio:

— *Quem são essas criaturas medonhas?*

— *Provavelmente, são as companhias espirituais que César procurou e que estão interessadas no julgamento. Vamos aguardar para ver o que acontecerá.*

Quando as testemunhas de defesa começaram a depor, notamos que os indesejáveis visitantes passaram a assediar o magistrado para que ele sentisse confiança nos depoimentos. O problema era que as duas testemunhas mentiam quanto aos fatos em julgamento. Amigos de César e também usuários de drogas, os dois diziam ao juiz que o réu não era um traficante, era apenas um consumidor, o que significava, em termos práticos, uma pena bem mais branda para o acusado. Os agentes das trevas projetavam na mente do juiz cenas em que César era visto apenas como usuário de drogas.

Irmão Clemente, assumindo o controle da situação, afastou provisoriamente aqueles irmãos infelizes e fez dispersar as energias negativas por eles deixadas, a fim de que o magistrado ficasse com plena liberdade de consciência para julgar. Após longa meditação sobre as provas colhidas, principalmente sobre a grande quantidade de drogas encontrada com o réu, o juiz proferiu a sua decisão, condenando César a cinco anos de reclusão. Judite, revoltada com o resultado do julgamento, ainda teve tempo de ouvir o rápido diálogo que se estabeleceu entre as entidades que tentaram influenciar o julgador:

– Perdemos mais um. Esse agora vai ficar mofando na prisão. Não vai aguentar tanto tempo sem a droga – comentou um deles.

– O que vamos fazer? – perguntou outro.

– Vamos esquecer o César. Esse já foi. Não presta mais, não serve mais aos nossos planos. Se um dia ele sair, nós o procuramos, mas duvido que saia vivo da cadeia. Vamos esquecê-lo e pensar em arrumar outro trouxa.

Judite estava chocada com o que acabara de ouvir. Percebeu, ainda que tardiamente, o quanto seu filho fora apenas um joguete nas mãos daqueles traficantes espirituais. Caindo em si, rompeu em longo pranto, indo aos braços acolhedores de Clemente, suplicando auxílio para ela e para o filho.

Os atentos colaboradores de Clemente ampararam a desvalida senhora e a encaminharam a um posto de socorro em uma colônia espiritual muito próxima da Terra. A mente do nosso Abel, porém, fervia de interrogações:

– Querido instrutor, por que razão permitiu a entrada daquelas entidades durante o julgamento?

– Para que Judite pudesse enxergar, com os próprios olhos, o que estavam fazendo com seu filho. E parece que deu resultado.

– Mas não se correu o risco de uma sentença injusta? – ponderou Abel.

– Sem dúvida, mas estávamos atentos para que a investida dos irmãos não fosse tão violenta. Além do mais, o nosso juiz é um espírito de muita lucidez, de moral inquestionável, e isso dificultou a ação dos malfeitores. Eles não tiveram muito *acesso ao seu campo mental e a influenciação não teve o sucesso esperado por eles.*

— Quer dizer que os juízes podem ser influenciados espiritualmente em seus julgamentos?

— Perfeitamente, Abel. Todos nós podemos ser influenciados pelos habitantes das esferas espirituais, e com os juízes não seria diferente. Os espíritos nos influenciam muito mais do que imaginamos.

— E o que determina que essa influência seja positiva ou negativa?

— Basicamente a conduta do homem, seus princípios, sua moral, seus pensamentos, sua vida social. Há um ditado que diz assim: "dize-me com quem andas que eu te direi quem és". Poderíamos acrescentar: dize-me quem és que eu te direi com quem andas. É para se pensar.

"Tudo vale a pena quando
a alma não é pequena."

FERNANDO PESSOA

Ao cabo de três meses dos últimos acontecimentos, o processo de inventário estava, enfim, liquidado. Beatriz e Dantas ficaram satisfeitos com o trabalho de Mário, remunerando-o condignamente. Chegaram, inclusive, a convidá-lo a trabalhar como advogado da construtora, proposta que foi recusada por ele. Mário estava convicto de que sua vocação estava na polícia. Preparou-se muito bem para o concurso, estudando mais de dez horas por dia, graças aos honorários recebidos pelo inventário. Já estava até aprovado na primeira fase do certame, com excelente nota, faltando, apenas, a derradeira prova, por certo a mais difícil.

Na semana que antecedeu o exame final, Mário, com certa aflição, procurou o velho mestre Otaviano em seu gabinete de trabalho:

— Boa tarde, professor. Posso falar com o senhor um minutinho?

– É claro, Mário. Você é sempre bem-vindo. Aliás, me diga como está se sentindo perto da prova final? Confiante?

– Eu estava, mas agora na reta final estou um tanto preocupado.

– Mas o que o aborrece? – perguntou o professor, interessado.

– Sabe, professor, muita gente me diz que não vou passar no concurso porque não tenho nenhuma pessoa importante para me colocar lá. Sabe, o povo fala que sem cartucho a gente não passa...

– É verdade, Mário, sinto muito em lhe dizer que nenhuma pessoa pode colocar você lá. Nenhuma pessoa pode aprová-lo.

– Então é verdade?

– Ninguém vai aprovar você, Mário, ninguém vai fazer a parte que somente cabe a você. Seu cartucho é a sua competência, o seu estudo, a sua dedicação. Essas são as melhores indicações a seu respeito e ninguém pode fazer isso no seu lugar. Esqueça o que os outros dizem, Mário, pois a maioria das pessoas que lhe afirmam isso apenas projetam seus fracassos para os outros. Eu conheço muitos que não foram aprovados porque não estudaram e hoje dizem que foram reprovados porque não tinham indicação de alguém muito importante. Isso se chama projeção, ou seja, a pessoa projeta para os outros a responsabilidade pelos próprios fracassos. Geralmente, jogamos nos outros a responsabilidade pelos nossos insucessos. Você lembra na faculdade quantos alunos diziam que haviam sido reprovados por apenas meio ponto? Jogavam toda a responsabilidade no professor! Mas a verdade é que a maioria era reprovada por mais de um simples meio ponto. Eu, particularmente, nunca reprovei alguém nessas circunstâncias, mas já ouvi comentários na faculdade de que alunos me acusavam de reprovação por meio ponto. O homem tende a transferir para os outros as suas derrotas, ou seja, não deseja assumir as suas responsabilidades perante a vida. Queremos que os outros nos amem, mas pouco nos amamos. Desejamos que os outros nos façam felizes, mas esquecemos que a felicidade é construção pessoal e intransferível. E aí passamos a acusar os outros de não terem feito aquilo que nos competia. Outras vezes dizemos que, se tivéssemos um emprego melhor, poderíamos trabalhar melhor, porém muitas vezes esquecemos que somente seremos merecedores de um emprego melhor se trabalharmos bem. Também dizemos que não somos felizes porque não temos uma família perfeita, no entanto ignoram que, se aceitássemos a família que Deus nos confiou, já seríamos realmente felizes.

– Que amplitude de conceitos, professor. Estou pasmado. Como juiz o senhor já presenciou situação parecida?

– É claro – respondeu o magistrado. – Em ações de acidentes de trânsito, raros são os motoristas que confessam culpa pelo acidente. Quase sempre, autor e réu alegam que estão com a razão, sendo o outro o culpado. Num caso que julguei há muitos anos, autor e réu diziam que atravessaram um cruzamento com o farol verde. Mas isso era impossível, pois se estava verde para um não poderia estar para o outro. Um dos motoristas estava mentindo, é claro.

— E o que disseram as testemunhas? — perguntou Mário, curioso.

— Duas foram ouvidas: uma do autor, outra do réu. Cada qual confirmou a versão da parte em favor de quem testemunhava. Uma delas, pois, estava mentindo.

— E como o senhor descobriu a verdade?

— Perguntei à testemunha do réu se a esposa do autor havia se machucado muito no acidente.

— E daí? — perguntou Mário, sem entender o motivo da pergunta.

— A testemunha respondeu que ela havia tido pequenas escoriações.

— Continuo sem entender, professor.

— Fácil, Mário. A esposa do autor não estava no carro no momento do acidente; ele nem sequer era casado. Logo, a testemunha do réu estava mentindo.

— Professor, quanta sabedoria tem o senhor!

— Apenas vivência, Mário, e desejo de fazer justiça. Mas não tenho a menor dúvida de que o réu deve ter dito por aí que perdeu a ação por causa do juiz ou até por culpa de seu advogado. É a questão de projetar para os outros as nossas responsabilidades, insucessos, fracassos. Por isso, não dê crédito àqueles que estão sempre atribuindo às circunstâncias aquilo que são. As pessoas vitoriosas, como disse um grande filósofo, são as que procuram as circunstâncias de que precisam e, se não as encontram, as criam. Tenha fé em suas capacidades, em seu trabalho, e o resto virá por acréscimo de Deus.

Encerrada a conversa, Mário agradeceu ao professor as palavras de estímulo e esclarecimento transmitidas. Sentia-se, agora, totalmente preparado para o exame que se realizaria em breves dias. Sálvio e Abel acompanharam todo o diálogo estabelecido entre Mário e seu professor e estavam satisfeitos com os resultados positivos do encontro. Mário estava bem mais confiante em suas possibilidades de aprovação. Abel não perdeu a oportunidade de fazer novas indagações ao benfeitor Sálvio:

– Diante do relato de Otaviano, que dizer daqueles que se apresentam diante da justiça com falsas alegações?

– É um problema delicado, Abel. Já se disse que a verdade é um grande espelho que um dia caiu no chão e se quebrou em diversos pedaços. Cada um de nós pegou um deles e acreditou que estava de posse da verdade. Todavia, esse pequeno pedaço representa uma parcela da verdade apenas. Ao juiz compete juntar todos esses cacos e entender a verdade do caso, por inteiro, considerando as alegações de cada uma das partes. Mas, por vezes os litigantes se apresentam em juízo com espelhos falsos, com mentiras, com testemunhos enganosos. Querem, enfim, enganar a justiça, ludibriar a parte contrária. Mas se esquecem de que estão cavando momentos de dor e sofrimento. Estão enganando a si próprios, semeando a injustiça em sua própria vida. A propósito, vamos ver como se encontra hoje aquela testemunha referida por Otaviano.

– Aquela do acidente de trânsito?

– Ela mesma.

Em alguns minutos, Sálvio conseguiu localizar Geraldo em um presídio na cidade de Campinas, Estado de São Paulo. No local, foram carinhosamente recebidos pela benfeitora Luciana – responsável pela ala onde Geraldo estava recolhido –, que se colocou à disposição dos amigos para os esclarecimentos necessários. Surpreso, Abel indagou:

– Nosso irmão está preso pelo falso testemunho?

– Não necessariamente – respondeu Luciana. – Pelas leis terrenas, ele nunca chegou a ser condenado por esse crime, apesar dos inúmeros depoimentos mentirosos que levou à Justiça.

– Como assim? Inúmeros depoimentos falsos?

– Sim, Abel. Nosso irmão Geraldo era o que se chama na Terra de testemunha profissional, ou seja, alguém que vive para depor em juízo, obviamente para mentir. Quem precisasse de um depoimento falso, era só falar com ele. Viveu nessa vida por vários anos; não chegou a enriquecer, mas dava muito bem para o sustento.

– E por que está preso?

– Geraldo gostava muito de uma garota chamada Mariana, irmã de Fabrício. Eram muito ricos e moravam em Campinas. Seus pais já haviam desencarnado e Fabrício, na condição de irmão mais velho, sentia-se na obrigação de cuidar da irmã mais nova. Mariana também era apaixonada por Geraldo, e os dois começaram a namorar. Contudo, Fabrício era muito ciumento e não teve boas impressões de Geraldo. Contratou um detetive particular e descobriu as atividades ilícitas do namorado de sua irmã. Mesmo alertada, Mariana não acreditou nas denúncias do irmão. Os dois estavam cada vez mais envolvidos sentimentalmente e anunciaram intenção de matrimônio.

Preocupado com o rumo dos acontecimentos, Fabrício resolveu armar uma emboscada para Geraldo. Convidou-o para uma recepção em sua casa, na presença da irmã e de vários convidados da alta sociedade. Durante a recepção, um dos convidados, em atitude previamente combinada com Fabrício, colocou no bolso de Geraldo, com extrema habilidade, uma joia preciosa da família. O namorado de Mariana nem suspeitou da trama que estava sendo preparada. A certa altura, Fabrício pediu a atenção dos convidados para mostrar a mais recente joia adquirida pela família. Todos os convidados se aproximaram do painel montado, cujo visor estava encoberto por um lindo manto de veludo preto. Ao descerrar o tecido, todos se espantaram com a ausência da preciosa joia. Fabrício acenou com a possibilidade de roubo, suspeitando dos empregados. A polícia foi imediatamente chamada e, comparecendo ao local, revistou os empregados. Nada foi encontrado. Por ordem de Fabrício, os convidados também foram revistados, um a um, o que não deixou de ser um fato desagradável para os presentes. Quando a polícia revistou Geraldo, encontrou a joia no bolso de seu paletó, para espanto seu e de todos os presentes, menos, é verdade, para o de Fabrício e o de seu comparsa. De nada adiantaram as explicações de Geraldo.

Ele saiu preso da casa de Mariana, e nunca mais a viu depois desse triste episódio. Acabou sendo julgado e condenado por furto e aqui se encontra cumprindo pena.

– Mas ninguém testemunhou a seu favor? – perguntou Abel.

– Ele não tinha nenhum conhecido no momento dos fatos e seus amigos se esquivaram de depor, pois sabiam que Geraldo era dado a mentiras. "É bem possível que tenha mesmo furtado a joia", pensavam seus amigos.

— E seus amigos espirituais? Nada puderam fazer em seu favor?

— Muito pouco, Abel. Não pudemos conter a ira de vários espíritos que compareceram diante do juiz clamando por justiça.

— Mas quem seriam esses espíritos?

— Vítimas, diretas ou indiretas, das mentiras contadas por Geraldo diante dos tribunais terrenos. Eram pessoas que tiveram prejuízos financeiros, réus que foram injustamente condenados em lugar dos verdadeiros culpados, enfim, uma enormidade de mentes clamando por vingança. Fizeram muita pressão sobre o juiz, que, diante das evidências fáticas, não teve outra escolha senão condená-lo.

— Mas a decisão foi uma injustiça — ponderou Abel.

— Para os parâmetros terrenos, sim. De fato, Geraldo não era culpado daquele crime. No entanto, suas ações anteriores estavam a pedir justa reparação. Ele, que sempre havia ludibriado a justiça dos homens, agora experimentava na própria carne o que significava ser vítima de uma injustiça. Além do mais, Geraldo não apenas enganava os tribunais, mas também muitas pessoas que cruzavam o seu caminho, especialmente mulheres. Várias delas foram seduzidas por suas mentiras românticas. Enfim, podemos estar diante de uma injustiça, contudo nunca diante de um injustiçado.

— Poderíamos dizer que ele está sendo punido por seus erros?

— Não podemos falar em punição quando se compreendem os mecanismos da Justiça Divina. Em sua feição educativa, as leis cósmicas procuram ajudar Geraldo a corrigir seu comportamento. Ele chegou a ser avisado por várias pessoas que não estava agindo corretamente, mas os conselhos dos amigos não lhe foram suficientes. Pelos desdobramentos da Lei de Ação e Reação, Geraldo atraiu para si toda a astúcia de Fabrício e a ira dos entes desencarnados a quem prejudicou.

— Mas ele acabou sendo um joguete nas mãos de Fabrício?

— Ele experimentou do próprio veneno, vamos assim dizer – comentou Luciana. – Geraldo acreditava que podia enganar a Justiça, pensava que as pessoas podiam ser facilmente enganadas, manipuladas, ludibriadas. Essa era a sua forma de ver a vida, vamos dizer, a sua lei. Pois bem, Geraldo mergulhou no mundo das próprias emoções, dos próprios sentimentos, das próprias crenças. O que acreditava se tornou verdadeiro. Ele foi justiçado com seus próprios conceitos. O homem é aquilo que pensa ser, respira no clima das próprias cogitações íntimas. Cada um trilha pelos caminhos que escolheu andar. Com Geraldo não foi diferente.

— Então Fabrício foi um instrumento da Justiça Divina? Por acaso ele ficará isento de responsabilidade?

— Fabrício responderá por seus atos. Ele é muito parecido com Geraldo, por isso os dois se atraíram. Por certo, Fabrício também será conduzido a examinar suas condutas no momento em que mergulhar no oceano dos próprios desatinos. Por isso a erradicação do mal no planeta depende da melhora do ser humano. O planeta é violento porque os homens são violentos. No dia em que acreditarmos na paz e vivermos em paz, os violentos se afastarão, naturalmente. Milhares de espíritos infelizes ainda *se vinculam ao planeta porque encontram aqui o repasto para as suas aspirações inferiores. Por exemplo: os que na Terra foram viciados na bebida se encontram com os encarnados que partilham do mesmo vício, trocando energias específicas: um alimenta o vício do outro. O mesmo se diga em relação aos viciados em drogas, em sexo, em comida, em remédios, em tristeza, em melancolia, em queixas, etc. Cada um vive no mundo que criou, com todas as suas criações.*

Ante o assombro de Abel, o mentor Sálvio arrematou:

– O homem é aquilo que acredita ser. Seu mundo exterior será a representação do que passa pelo seu mundo interior. Aquele que acredita na força da violência só verá violência à sua volta. O homem que se acredita doente só deparará com doenças ao seu redor. Já aquele que acredita na corrupção como forma de ganhar a vida só encontrará pessoas e situações corruptíveis.

– E isso não tem fim? – questionou Abel.

– Terá fim no dia em que a pessoa se cansar de viver no mundo de dor e sofrimento que ela mesma construiu para si. Um dia o violento cansará da violência, porque será vítima dela. O homem corrupto será vencido pela corrupção do outro, o doente cansará da doença, o triste ficará exausto com a própria tristeza, o caluniador será condenado à repressão da própria língua, o criminoso carregará consigo o sofrimento das suas vítimas. Os problemas da vida, Abel, não passam de convites que recebemos para as mudanças que temos de fazer em nossa caminhada evolutiva. Geraldo foi convidado a mudar de conduta, foi intimado pela vida a buscar outra forma de viver. Seu estágio na prisão, que não será longo, representa uma oportunidade preciosa de reflexão para futuros cometimentos. Nós poderemos fugir das sansões dos tribunais terrenos, porém jamais lograremos nos afastar do tribunal que está instalado dentro da nossa própria consciência.

— Mas ele mudará de vida? — perguntou Abel.

— Não sabemos, meu amigo. Tudo dependerá de como ele reagir perante o sofrimento. Se preferir a revolta, dificilmente assimilará as lições que a vida está lhe oferecendo. Mas, se mergulhar dentro de si, reconhecerá que está recolhido no cárcere por justas razões e então poderá compreender que a vida apenas o está intimando ao exercício do bem. Por isso, a melhor profilaxia para os nossos desequilíbrios é sempre observar os ditames do Evangelho. Perdão, caridade e amor são as chaves que nos libertam da prisão interior — disse Sálvio, encerrando a conversa.

"É verdade que a programação cármica leva em conta os acidentes prováveis, mas a margem de liberdade é indispensável na experiência reencarnatória, e que acima dos objetivos de resgate existe o interesse básico de aprendizado e desenvolvimento das potencialidades."

HERCULANO PIRES

Chegamos ao dia em que Mário conhecerá o resultado final do concurso. Ansioso, ele se dirigiu ao local onde seria anunciado o resultado, em companhia da mãe. Os dois, abraçados, entraram no auditório da academia de polícia, onde já se encontrava o presidente da banca examinadora. Inúmeros candidatos ali também se encontravam, guardando as mesmas expectativas de Mário. Aquele seria um dia decisivo na vida dos que participaram do concurso. "Será que sairei dessa sala como delegado de polícia?". "Será que serei coroado pelos esforços envidados nos últimos anos?", eram as íntimas indagações dos concorrentes.

Anunciado que o resultado seria proclamado, todos guardaram profundo silêncio. O presidente da banca mencionaria o nome dos cinquenta candidatos aprovados, conforme a ordem de colocação. Iniciada a proclamação, a cada nome pronunciado um caldeirão de emoções se derramava pelo auditório. Os aprovados festejavam, ainda que discretamente, com seus amigos e familiares. Os demais, no entanto, aguardavam aflitos. Mário e Ana estavam angustiados, pois o presidente já havia anunciado mais de quarenta nomes. Restavam poucas vagas. Intimamente, Mário sentiu que não teria chances, que havia sido reprovado. Abaixou a cabeça, sentiu-se fracassado. Os derradeiros nomes eram anunciados e nada de chamarem o seu. Mário segurou forte a mão de sua mãe, como nos tempos de criança, como a lhe pedir forças para suportar a derrota. Faltando um nome para que o resultado se completasse, Mário começou a se retirar do auditório, sob o olhar triste da mãe. Já na porta de saída, ele ainda teve forças para ouvir o último pronunciamento do presidente da banca examinadora:

– Bem, senhoras e senhores, agora vou anunciar o nome do último colocado. Quero felicitar a todos os aprovados e dizer aos que não passaram que não desanimem, pois outros concursos virão. Os aprovados deverão amanhã mesmo se apresentar na academia de polícia para o curso de iniciação funcional. Pois bem, o nome do último classificado é Mário Rodrigues Gonçalves.

Um grito explodiu no ar. Era Mário. Chorando e sorrindo ao mesmo tempo, ele abraçou a mãe fortemente:

– Eu venci, mãe, eu venci! Seu filho é delegado, mãe! O garoto pobre agora é doutor, mãe.

– Ah, filho, que alegria você me deu! Deus o abençoe! Parabéns, meu filho!

Os dois permaneceram naquele gesto amigo por mais alguns minutos. Não cabiam de tanta alegria, de tanto contentamento. O abraço só foi desfeito por uma inesperada presença:

— Como é, Mário? Posso abraçá-lo também?
— Professor Otaviano! Que surpresa!
— Parabéns, Mário. Eu tinha certeza de que você seria aprovado. Estou aqui para cumprimentá-lo.

Os dois se permitiram um caloroso abraço, trocando emoções de afeto e respeito. Mário agradecia pelo inestimável apoio de seu professor, enquanto Otaviano rejubilava-se com a aprovação do pupilo. Ana contemplava a comovedora cena, deitando algumas lágrimas por aquele inesquecível momento e observando o diálogo que se estabeleceu entre os dois:

— Professor, sua ajuda foi decisiva! Nos momentos de fraqueza, eu me lembrava de suas palavras de incentivo e logo me colocava a estudar com maior firmeza e coragem. Eu devo tudo ao senhor.

— De forma alguma, rapaz. Apenas estimulei os talentos que você já possui, por isso o mérito é todo seu. Eu gostaria que pensasse no que vou lhe dizer. A partir de agora, você passará a ser uma autoridade, e essa situação deve ser muito bem compreendida por você. Nem sempre as pessoas alcançam o exato sentido do que significa ser uma autoridade e por isso acabam se perdendo no exercício da função pública. Antes de tudo, devemos pensar que somos servidores públicos, ou seja, estamos investidos em uma função pública para servir à população, e não para ser por ela servidos. Nossos interesses pessoais não podem se sobrepor aos interesses da comunidade para a qual nos habilitamos a servir. O poder que recebemos não é um privilégio pessoal, mas apenas uma garantia para bem exercer a função pública. Aliás, nossos vencimentos são pagos pelo povo, razão pela qual devemos prestar-lhe excelentes serviços. A finalidade da Justiça é proteger a sociedade, por isso não se entende como um homem investido na função pública venha a atuar contra os interesses dessa mesma sociedade que ele deve guardar. Depois, devemos considerar que a autoridade é uma delegação que recebemos da comunidade, por isso jamais podemos nos sentir superiores a quem quer que seja. A humildade é uma das principais virtudes do homem público.

— Mas, professor, como seria possível conciliar a humildade com o exercício de um poder que muitas vezes precisa ser enérgico?

— Eis uma boa pergunta. A humildade não implica fraqueza. Por vezes, você terá de ser enérgico, mas isso não quer dizer que precisará ser arrogante. Você deverá exercitar o poder que lhe foi conferido, mas sempre com equilíbrio, humildade e retidão, sem que isso implique indiferença, omissão ou sentimentalismo.

— Que beleza de conceitos, mestre. Será que vou me sair bem?

— Por certo, Mário. Basta que você tenha claro que a autoridade é uma delegação de que se pedirão contas um dia e que ela lhe foi concedida como uma oportunidade de contribuir para a harmonia da sociedade. Deus o colocou nessa função para que você desse a sua parcela de contribuição para a construção de uma sociedade mais justa e feliz.

— O senhor acredita que Deus tenha planos para mim?

— Para você e para todos nós — respondeu Otaviano. — Vamos dizer que somos todos cocriadores com Deus, que estamos criando, em cada gesto, em cada pensamento, o mundo em que nós vivemos. Deus estabelecerá a paz na Terra não por um decreto, mas por intermédio das próprias criaturas que se dispuserem à tolerância, ao perdão e à fraternidade. Deus nos ajuda por intermédio de nossos semelhantes. Para que alguém renasça no planeta, Deus necessita de um ventre para gerar a criança. Nesse caso, a mãe é cocriadora com Deus. Quando alguém está faminto, Deus alimenta esse irmão por meio de alguém disposto a doar um prato de comida. A vida é uma grande teia em que todos nós estamos ligados uns aos outros, por isso cada um é responsável pelos talentos que Deus nos confiou em nossa existência. A vida cresce quando nós crescemos; brilha quando brilhamos; enche-se de paz quando somos pacíficos.

— E como poderíamos reconhecer quais os talentos que temos de desenvolver?

— É muito simples, Mário. Basta olhar para o seu interior. Descubra o que lhe dá alegria, prazer, bem-estar. O que faz seu coração se encher de entusiasmo?

— Ah, algumas coisas. No momento, meu coração está radiante com a perspectiva de trabalhar na polícia.

— E que prazer isso pode lhe dar? — indagou Otaviano.

— Eu quero trabalhar na investigação de crimes misteriosos, quero ir a fundo nas diligências, quero proteger a sociedade, que anda assustada com tanta violência.

— Então isso representa o plano de Deus para você. Eis a sua missão. Realizando-se interiormente, você estará cooperando com o universo para a edificação de um planeta feliz. Deus não quer sacrifícios, deseja apenas que sejamos felizes desenvolvendo nossos talentos, realizando a nossa missão de vida, com a qual estaremos cooperando para um mundo de paz, amor e alegria. É bom considerar, Mário, que todas as pessoas na Terra têm sua missão de vida. Não apenas os santos, os heróis, os missionários têm tarefas a realizar no planeta. Todos nós somos cocriadores, portanto Deus necessita de cada um de nós, geralmente onde Ele nos plantou. Sabe, Mário, há alguns anos eu atravessei uma fase muito difícil em minha vida. E sabe quem foi a pessoa que mais me ajudou a superar aqueles momentos?

— Nem imagino, mestre.

— Minha empregada, a Isaura. Ela não tem nenhuma cultura, mal sabe ler e escrever, mas tem uma alegria no peito, uma esperança brotada na alma e um afeto plantado no coração que me levantaram várias vezes da depressão. Eu, com toda a minha cultura, não tive forças para superar sozinho aqueles momentos tão ásperos. Todavia, Deus me ajudou por intermédio de Isaura. Ela é naturalmente alegre, expansiva, afetuosa, embora também tenha inúmeros problemas com a família. Isaura ajudou Deus a me ajudar, assim como você, agora delegado de polícia, cooperará com

Deus para que a justiça e a paz estejam presentes entre os homens. Seja muito feliz, Mário, e, se precisar de alguma coisa, me procure.

— Muito obrigado, professor. Já pude perceber que nossas aulas não terminarão tão cedo. O senhor demonstra tantos conhecimentos que me sinto muito pequeno.

— Não diga isso, porque diante da sabedoria divina todos nós somos, de fato, pequeninos. Procure-me quantas vezes necessitar, pois eu o quero como se fosse meu próprio filho.

— Mais uma vez, obrigado pela consideração. O senhor talvez represente o pai que a vida me roubou muito cedo. O professor não tem filhos? — perguntou Mário, curioso.

— Tenho uma filha, que jamais me aceitou. Ela saiu de casa assim que se formou e raramente a vejo. Eu sei que ela está bem, mas é muito difícil conviver com essa situação. Sou pai, mas é como se não tivesse filho.

— Eu lamento. Ela também é formada em Direito?

— Não. Ela tem tanta aversão por mim que jamais quis seguir a mesma carreira.

— Mas por que esse ódio?

— Nem eu sei, Mário. Estou até hoje buscando as razões; contudo, por mais que me esforce, não consigo encontrar um motivo para que ela me trate dessa forma. Talvez os porquês não se encontrem nesta vida...

— E o senhor acredita que tivemos outras vidas?

— Por que não, Mário? A cada dia estou mais convencido disso. Mas esse assunto é conversa para outra hora. Hoje é dia de festa, de alegria. Que Deus o abençoe.

Os dois se abraçaram em despedida. Mário sentia que Otaviano era mais do que um simples professor. Parecia que ele lhe era conhecido havia muito tempo. Sentia como se fossem companheiros de longas jornadas que voltaram a se encontrar. Quem sabe seu professor estivesse certo: o espírito é um viajor da eternidade.

Sálvio e Abel contemplavam aqueles momentos de júbilo e alegria. Abel estava muito feliz com a aprovação do filho. Agradecia a Deus pelo amparo à família, que soube superar todos os obstáculos com a sua desencarnação. No entanto, o pai de Mário não escondeu de Sálvio uma certa preocupação:

– Embora esteja feliz com a aprovação de Mário, sinto no peito uma certa aflição. Temo pelo que poderá ocorrer com meu filho no desempenho dessa profissão tão perigosa.

– Não se aflija, Abel. Compreendo seu coração paterno, porém Mário não pode ser privado de passar pelas experiências necessárias à sua evolução. Que dizer de um pai que, a pretexto de proteger o filho, proíbe a criança de frequentar a escola?... As adversidades são experiências enriquecedoras da nossa existência. É no campo de batalha que se forja o verdadeiro soldado. É na experiência clínica e na cirúrgica que o médico desenvolve suas reais habilidades. O sacerdote se notabiliza no ministério consolador por estar junto às aflições humanas. Posso lhe assegurar que a carreira que Mário agora abraça já estava inserida em seu planejamento reencarnatório.

— Então ele fatalmente seria um delegado?

— Não. Ele poderia ter modificado seu projeto, adiando as experiências necessárias. Ele poderia ter ficado na advocacia, enfim tinha o livre-arbítrio de seguir qualquer outro caminho profissional. Mas ele se manteve fiel ao programa traçado antes de sua reencarnação e agora iniciará a jornada de trabalho que tem como objetivo principal a sua harmonização com as leis universais de amor e justiça. Agora mais do que nunca precisaremos estar ao lado de Mário, para que ele supere todos os obstáculos que surgirão em seu caminho. Essas dificuldades nada mais são do que as tendências naturais que ele carrega em seu ser. Ele terá de avaliar as questões do poder, que já exerceu no passado cometendo diversos abusos, será compelido a considerar que a justiça sem amor é meia justiça, e assim passará por uma série de experiências que visam burilar seu passado comprometido com a violência e com o abuso da autoridade. Mas, ele fez um ótimo aprendizado antes de reencarnar e acreditamos que esteja em condições de superar essas dificuldades. Vamos aguardar os fatos.

> "Não existe nas soberanas leis da vida fatalidade para o mal. O que ao ser acontece é resultado do que ele fez de si mesmo e nunca do que Deus lhe faz, como apraz aos pessimistas, aos derrotistas e cômodos afirmar."
>
> JOANNA DE ÂNGELIS

Dois meses se passaram. Mário havia terminado a preparação na academia de polícia e assumido suas funções em uma delegacia localizada em uma cidade da Grande São Paulo. Estava realizado, embora estivesse sentindo a aspereza do contato com o mundo do crime. Afora isso, Mário se via diante de pessoas que procuravam o distrito policial para tratar de outros assuntos não diretamente ligados ao exercício de seu cargo. Eram ébrios, mendigos, desesperados, loucos – todos queriam falar com o delegado, ansiosos por ajuda. Ele atendia a todos com carinho e respeito, ouvindo queixas, lamentações e pedidos dos mais variados. Era o que estava ao seu alcance. Em um de seus plantões, iremos presenciar um episódio interessante. Mais uma vez na delegacia, Argemiro, conhecido açougueiro da cidade, fez a mesma reclamação:

— Seu delegado, fui assaltado novamente! Já não aguento mais essa violência!

— Assaltado novamente? Como foi? — perguntou Mário.

— Fui assaltado pela terceira vez em dois meses. A primeira vez ocorreu na minha casa. Os ladrões aproveitaram que eu estava viajando, arrombaram a janela e levaram diversos objetos. Vinte dias depois entraram no meu açougue e roubaram todo o faturamento do dia. E hoje me levaram meu carro, que estava parado na porta da escola do meu filho.

— O senhor reconheceria os assaltantes?

— De forma alguma, doutor. Eu nem vi o momento em que eles levaram o carro.

— Sabe de alguém que tenha visto?

— Também não, seu delegado. Nessas horas ninguém abre o bico.

— Bem, senhor Argemiro, o que nos resta fazer é registrar a ocorrência, lavrando o boletim, e comunicar o fato às viaturas de plantão para que, com um pouco de sorte, localizem o veículo e os assaltantes. Mas isso não será fácil.

— É, doutor, a gente é vítima desses ladrões. Os homens de bem estão perdendo a guerra para os bandidos. Eles sempre levam a melhor, e a gente que trabalha honestamente só leva a pior. Por isso é que eu sou a favor da pena de morte. Às vezes eu ficou pensando se vale a pena ser honesto.

Sálvio e Abel acompanhavam a ocorrência, e o pai de Mário não hesitou em fazer as suas costumeiras observações:

— Concordo plenamente com esse irmão. A violência está demais, os bandidos é que parecem governar a sociedade. Os bons sempre levam a pior.

— Calma, calma, Abel — disse Sálvio —, não tire conclusões precipitadas. Precisamos fazer uma análise mais detida do caso para emitirmos opinião segura a respeito do assunto. O amigo ignora detalhes relevantes do caso, por isso fez um julgamento parcial e incompleto.

— Mas o que é que desconheço? — indagou Abel, com muito interesse.

— Amanhã vamos visitar o açougue de Argemiro. Lá começaremos a entender o caso em toda a sua real extensão.

No dia seguinte, por volta das sete horas, antes de abrir seu comércio, Argemiro preparava-se para receber a freguesia, fazendo diversos cortes na carne e embalando o produto em bandejas para pronta venda aos consumidores. Sálvio observava-o atentamente:

— Veja, Abel, atente para o que ele faz com as mercadorias embaladas. Confira o peso.

Depois de minuciosa análise, Abel comentou, espantado:

— Nossa! Ele está etiquetando as bandejas fazendo constar um peso superior ao que a mercadoria apresenta. Isso é fraude.

— É isso mesmo, Abel. Nosso irmão Argemiro há anos vale-se desse ardiloso expediente, enganando seus clientes. Comete crime contra a economia popular. O freguês acha que está levando um quilo de carne, paga por tanto, mas só leva novecentos gramas. No final do dia, Argemiro tem lucros bem superiores aos que teria direito.

— Eu chamaria isso de roubo, Sálvio. Você não acha?

— De certa forma, sim. E não é só. Ele também costuma enganar vários clientes vendendo uma carne por outra. O freguês pede um tipo de carne e ele vende outra dizendo que é aquela pedida. Alguns consumidores voltam e reclamam, porém a grande maioria compra gato por lebre.

— Me diga, Sálvio, o que isso tem a ver com os crimes de que Argemiro tem sido vítima?

— Muita coisa, Abel. Você logo entenderá. Vamos observar um pouco mais a conduta do nosso irmão ao longo do dia. Daqui a poucas horas, Argemiro terá um encontro que nos propiciará valiosas reflexões.

De fato, depois do almoço, Argemiro encontrou-se com um dos vereadores da cidade. Vejamos a conversa:

— Olá, senhor Argemiro, que bom revê-lo. Em que posso ajudá-lo?

— Meu caro vereador, você sabe que fiz muita campanha para a sua eleição e agora estou precisando de um favorzinho. Preciso que você me quebre um galho...

— E posso saber do que se trata? — perguntou o vereador, ensimesmado.

— Eu fui multado na semana passada por um fiscal da vigilância sanitária. Ele autuou o açougue por falta de higiene e limpeza e me aplicou penalidade muito alta. Por isso vim aqui o procurar...

— E o que o senhor gostaria que eu fizesse?

— Queria ver se não dá para anular essa multa. Sabe como é, vereador, a gente luta para ganhar o dinheiro e não pode ficar gastando com essas bobagens. Eu tentei acertar com o fiscal, mas não teve jeito. Ele insistiu em me multar e quase chamou a polícia.

— E quais eram as condições do estabelecimento? — indagou o vereador.

— Bem, não eram as melhores. Tinha um pouco de carne estragada, alguns insetos, os ladrilhos estavam sujos. Mas não era nada que uma cervejinha não resolvesse. Não precisava me multar.

— Senhor Argemiro, eu agradeço muito por sua confiança e seu voto, mas em nome da moralidade pública eu não posso fazer o que o senhor me pede. Se fizesse, estaria traindo a confiança de todos os demais que votaram em meu nome esperando que eu trabalhasse para o bem comum. Não posso trair a população que me elegeu para melhorar esse país. Como posso acobertar um homem que não se importa com a saúde daqueles que me elegeram? Acredito que a multa foi muito bem aplicada e vou recomendar ao fiscal que continue visitando seu estabelecimento, periodicamente. Essa é a única coisa que posso fazer pelo senhor.

— Ora, muito obrigado, vereador. Saberei retribuir sua atenção nas próximas eleições.

— Não faço questão de eleitores que utilizam as urnas para comprar consciências. Fique sabendo que meu gabinete sempre estará aberto para atender às justas reivindicações da sociedade. Agora o senhor me dê licença que tenho muito a fazer.

Argemiro deixou a Câmara completamente enfurecido. Não conseguia entender a conduta do vereador:

— Esse vereador me paga! Ele verá a campanha que farei nas próximas eleições. Agora preciso tentar resolver esse problema com outra pessoa. Quem sabe me aproxime diretamente do prefeito. Ele me deve um favor e chegou a hora de cobrar...

Sálvio e Abel a tudo presenciaram:

— *Esse nosso irmão está equivocado* — falou Abel. — *Será que ele não percebe que seria melhor manter o estabelecimento em boas condições de higiene? Que o melhor investimento do comerciante é ver o cliente satisfeito? Será que ele não enxerga que lesando o próximo está lesando a si mesmo? Penso que lhe faltam conhecimentos religiosos* — ponderou Abel.

— O pior é que não faltam, meu amigo. Nosso irmão há um bom tempo frequenta as reuniões do centro espírita da cidade. Todas as semanas recebe orientações baseadas no Evangelho de Jesus, contudo não tem conseguido aplicar as lições em seu cotidiano. Hoje mesmo teremos a oportunidade de observá-lo no centro espírita.

Por volta das oito horas da noite, Argemiro já se encontrava nas dependências do grupo espírita e avistou-se com um dos trabalhadores da casa, de quem se aproximou para pedir ajuda:

— Meu amigo Laércio, preciso de orientação. Acho que os espíritos me abandonaram.

— Não diga isso, senhor Argemiro. Deus é Pai e jamais abandona nenhum de seus filhos. Diga-me o que está ocorrendo.

— As trevas se abateram sobre a minha vida. Parece que estou sendo perseguido. Ontem fui novamente assaltado, pela terceira vez em dois meses. Dessa vez me levaram o carro. Fiscais da prefeitura rondam diariamente o meu estabelecimento e não me deixam trabalhar em paz. Fui pedir ajuda a um vereador e só ouvi insultos. Também estou desconfiado de que funcionários estejam me roubando. Sinto-me abandonado. Tenho vindo frequentemente ao centro, tomo passes todas as semanas, dou esmolas aos velhinhos do asilo e nada disso faz com que Deus se lembre de mim. Às vezes chego a pensar em mudar de religião para ver se dou mais sorte...

— Compreendemos suas dificuldades — respondeu Laércio —, mas entendemos que a religião não é um amontoado de atos exteriores. Muito mais do que passes, exortamos as pessoas a ser religiosas no dia a dia.

— Mas como? — perguntou Argemiro, perplexo. — Não vá me pedir para dar passes no açougue!

— Não é isso, meu amigo. Muitos de nós fazem uma separação entre a vida material e a vida religiosa. Durante o dia, cuida-se da parte material, como dizem, e à noite olha-se para a parte espiritual, como se durante o dia, em face das nossas atividades, pudéssemos viver distantes das leis espirituais. Não é bem assim, senhor Argemiro, pois essas realidades estão intimamente ligadas. Nós precisamos descobrir a espiritualidade no trabalho, ou seja, precisamos encarar o trabalho como uma atividade que nos permite estar ligados a Deus por intermédio dos nossos clientes, funcionários, fornecedores, etc. O mesmo ocorre com a nossa família. Precisamos também desvendar a espiritualidade com a parentela, por meio do relacionamento com os filhos, com a esposa, com o marido, etc. Assim, toda a nossa vida passa a ter uma dimensão espiritual. De nada adiantará ser um bom religioso, frequentar a missa, tomar passes, ir ao culto protestante, se isso não tornar a pessoa um bom patrão, um bom funcionário, um bom marido, uma boa esposa, um bom filho. A religião procura unir o homem a Deus. E essa união não se dá apenas nos momentos em que estamos num templo de oração, mas em todos os instantes da nossa vida.

– E o que isso tem a ver com os meus problemas, Laércio?

– O senhor mesmo deverá pensar a respeito. Apenas estamos lhe dando algumas possibilidades de reflexão. Não podemos nos considerar vítimas dos infortúnios. Tudo o que nos acontece tem uma causa dentro do nosso próprio mundo íntimo. O que ocorre no mundo exterior reflete apenas o que vai pelo nosso mundo interior. Se quisermos mudar as coisas de fora, mudemos a nós mesmos. Se algo não vai bem em nossa vida, evitemos procurar as causas nas pessoas, no governo, nas crises financeiras, na violência. Procuremos dentro de nós as causas de todas as nossas infelicidades. Tome o seu passe para alcançar energias renovadoras, reflita sobre a exposição do Evangelho e não esqueça que todos os nossos atos repercutirão em nosso próprio caminho. Pense nisso, meu amigo, e depois voltaremos a conversar.

Os esclarecimentos de Laércio foram precisos e conseguiram provocar em Argemiro alguma reflexão mais ampla. Ele sentia que precisava encontrar dentro de si mesmo os motivos pelos quais atravessava um período de vida turbulento. Sálvio aproveitou a oportunidade para tecer esclarecimentos mais detalhados a Abel:

— *Note, meu amigo, que Laércio fez oportunas considerações ao nosso Argemiro. É capaz que ele comece a observar a relação que existe entre suas atitudes e seus problemas.*

— *Como o amigo faria essa ponte?* — questionou Abel.

— *Argemiro será compelido a constatar que sua maneira de agir com a clientela é que está provocando esses furtos em sua vida. Aliás, pequenos furtos é o que ele mesmo pratica todos os dias contra seus clientes. Em consequência, como tem desrespeitado a Lei da Justiça, injustiçando os outros, tem atraído para sua vida pessoas que também não respeitam o direito do próximo. A sua maneira de ser e de agir funciona como um ímã para pessoas que são e pensam como ele. Argemiro não respeita o próximo, por isso está sendo desrespeitado. Ele gosta de enganar, por isso será enganado. O homem moderno se queixa da violência, mas ainda é violento no seu modo de pensar e de agir. O mundo só será melhor quando os homens melhorarem; será bom quando os homens forem bons. As condições exteriores do planeta mostram o grau de evolução espiritual de quem nele habita. Os rios poluídos denotam apenas a poluição mental do ser humano; a fome denuncia tão-só o egoísmo de muitos, pois a produção de alimentos no planeta é suficiente para saciar a todos. Argemiro representa a nossa condição evolutiva ainda precária: queremos que o mundo seja bom, mas ainda estamos muito pouco dispostos a nos tornar bons por dentro. E é por ter pregado essa revolução, a única capaz de tornar a sociedade realmente feliz, que Jesus é o personagem mais importante da história. Muitos esperavam dele uma revolução armada, uma libertação política; contudo, Jesus ensinou a revolução interior, aquela que acontece em nosso coração.*

– Eu nunca havia pensado nesses termos – ponderou Abel. – No caso de Argemiro, até quando ele vai continuar agindo dessa forma?

– Até o dia em que perceber que existem outras formas de crescimento. Para progredir, o homem não precisa roubar, ludibriar, enganar o seu semelhante. Ele tem é de desenvolver seus talentos interiores, ser criativo, transcender as próprias limitações. Argemiro tem potencialidades a desenvolver: é um homem carismático, dinâmico, com possibilidades de crescer no comércio e na política. Mas tem evitado esse trabalho interior, buscando fórmulas ilusórias de progresso, roubando e enganando os outros. Na verdade, Argemiro é muito preguiçoso, não quer se dar ao trabalho da própria melhora, por isso é que vem atraindo para sua empresa funcionários preguiçosos, desidiosos, como ele. A grande maioria das pessoas vive como Argemiro: ignorante das próprias possibilidades evolutivas. Em regra, optamos pela rebeldia, pelo medo, pela indiferença e não *desejamos fazer a parte que nos cabe. Jesus disse: "a cada um segundo as suas obras". Com isso queremos dizer que felicidade ou tristeza, sucesso ou fracasso, saúde ou doença são sempre estados compatíveis com as nossas opções interiores. O homem do terceiro milênio é aquele que despertou para a própria realidade interior, para o próprio potencial, para a própria luz. Ele abandonou a escuridão das ilusões, deixou de lado a preguiça, a apatia moral e assumiu o papel que lhe cabe na própria evolução. Descobriu o quanto é responsável pelo próprio destino e nunca mais permitiu que sua vida ficasse ao sabor dos acontecimentos ou das pessoas. Assumiu a alegria de ser aprendiz da vida, abandonou a carranca de homem sisudo e doente, tomando posse de sua condição de filho de Deus, herdeiro do universo, dono de seu destino.*

"Vaidade das vaidades, tudo é vaidade."

ECLESIASTES

Ao término dos trabalhos realizados no centro espírita, os encarnados regressaram aos seus lares renovados pelas energias recebidas no passe e esclarecidos pelas orientações doutrinárias oferecidas. Todavia, enganavam-se os que reputavam terminadas as tarefas de auxílio. Diversos espíritos necessitados continuavam recebendo atendimento, muitos deles recentemente libertos do corpo físico e sem o necessário entendimento da realidade espiritual. Foi interessante notar um dos casos acompanhados pelo irmão Luciano, dirigente espiritual da Casa, a um espírito que se apresentou como juiz de Direito em sua última encarnação. Tratava-se de Carmelo Lindolfo, magistrado muito conhecido pela severidade de seus julgamentos. Homem de moral rígida, paladino dos bons costumes, não perdoava o menor deslize. Ele havia sido atraído ao local porque a filha, portadora de enfermidade não diagnosticada pela medicina, procurara ajuda no grupo espírita. Ainda vestindo sua inseparável toga, Carmelo estava nervoso e impaciente, querendo a todo custo conversar com o responsável pelos trabalhos. Mas só no final da reunião é que o irmão Luciano pôde atendê-lo. Nossos amigos Sálvio e Abel a tudo presenciaram. Vejamos o que se passou:

– Pois não, Carmelo? Agora posso lhe dar atenção – comentou o irmão Luciano, com simpatia. – Em que posso ajudá-lo?

– Você? Ajudar-me? – disse o magistrado, irritado.

– Sim, exatamente. Estou aqui para auxiliá-lo. É claro, se precisar de meus préstimos...

– Acredito que ainda não se deu conta com quem está falando...

– Sei, sim, Carmelo...

– Por favor, "doutor Carmelo". Por acaso não reconhece minha autoridade? Não vê a toga que envergo? Não sabe que me deve obediência?

– Respeitamos muito sua posição de magistrado, Carmelo; entretanto, perante a espiritualidade somos todos irmãos e credores de respeito mútuo. Aqui a única força que tem valor é a autoridade moral do espírito. A autoridade que nos foi concedida na Terra é passageira, cessa com a morte. Perante os tribunais da vida, você aqui comparece como irmão credor do nosso respeito, mas sem direito a privilégio algum.

– Como assim? Por acaso recusa a minha autoridade? Está querendo dizer que não me deve subordinação?

— Só quero que saiba que é recebido nesta casa como irmão querido, digno do nosso melhor apreço, assim como todos os demais que aqui se encontram, inclusive sua filha — respondeu o dirigente, com bondade.

— Impossível, você deve respeitar meu cargo. Saiba que posso mandar fechar este local. Se não fizerem o que eu mandar, ordenarei que meus guardas prendam todos vocês.

— E o que o irmão deseja que façamos? – perguntou o irmão Luciano.

— Quero que vocês coloquem guardas protegendo minha filha. Ela está desamparada. Inimigos querem atacá-la. Protejam-na, imediatamente. É uma ordem!

— Calma, Carmelo. Por acaso seus guardas não podem fazer esse serviço?

— Não, não podem. Aliás, nem sei por onde andam. Tenho chamado por eles, mas não me respondem. Não sei o que está acontecendo comigo, pois ninguém mais respeita minhas ordens. Tenho ciência de que já não pertenço ao mundo dos vivos, todavia minha autoridade permanece onde quer que me encontre, conforme me assegurou o sacerdote nos momentos finais da minha existência. Por isso, preciso de vocês. Já percebi que seus guardas são eficientes, conseguem neutralizar os bandidos...

— Por acaso o irmão conhece os agressores de sua filha? – indagou o dirigente espiritual da casa.

— Ainda não consegui identificá-los, mas irão me pagar assim que eu colocar as mãos sobre eles. Minha filha está sofrendo muito, está abatida, doente, tudo por causa desses criminosos. Eles serão severamente punidos.

– Gostaria que me acompanhasse até a sala ao lado. Vamos ver o que é possível fazer por sua filha.

Na referida sala, dois espíritos em precárias condições eram mantidos adormecidos em macas improvisadas. Carmelo foi conduzido ao ambiente por irmão Luciano, a quem dirigiu a palavra, surpreso, após deparar com os obsessores da filha:

– São eles que perseguem minha filha! Chamem os guardas e prendam essas criaturas infernais!

– Calma, meu irmão. Veja bem se não os reconhece. Observe, primeiramente, esta irmã. Procure se lembrar...

Depois de alguns momentos de atenta observação, Carmelo rompeu o silêncio com um grito de pavor:

– Oh, não, não. Tire essa mulher daqui, pelo amor de Deus!

– Calma, meu amigo, não tenha medo. A ajuda que sua filha requer passa, necessariamente, pelo auxílio que pudermos dispensar a nossa irmã Matilde.

– Mas por que razão ela continua me perseguindo? Ela não me dá paz nem depois da sepultura! O padre me garantiu que eu teria o descanso dos justos e me vejo num pesadelo sem fim. Agora me defronto com essa criatura medonha que insiste em me acusar...

– E do que ela o incrimina? – perguntou irmão Luciano, apesar de já estar inteirado do caso.

– Matilde era funcionária do tribunal e afirmava ter mantido um relacionamento extraconjugal com um dos juízes da corte. Do suposto conúbio engravidou e desejava que o magistrado reconhecesse a paternidade do rebento.

Como o juiz negou o pedido, a desventurada ajuizou ação para ver reconhecida a paternidade, e a mim coube a decisão.

— E qual foi o veredicto?

— As provas não eram muito convincentes. O exame sanguíneo não descartou a paternidade, mas também não a afirmou. O laudo apresentou meras probabilidades. Na dúvida, preferi rejeitar o pedido.

— E as demais provas? — indagou irmão Luciano.

— Bem, eram também duvidosas. As testemunhas eram conhecidas dela, também funcionárias do tribunal, e, por isso, não dei importância aos depoimentos, que me pareceram suspeitos.

— E o que disseram as testemunhas?

— Que o juiz tinha tido mesmo um relacionamento afetivo com a mãe da criança. Uma delas chegou a dizer que surpreendeu os dois em contato íntimo em pleno gabinete de trabalho do juiz. Entretanto, não poderia dar muito valor a esses depoimentos, pois as testemunhas eram amigas de Matilde.

— E acredita que nesses processos alguém desconhecido possa dar informações a respeito de detalhes íntimos das partes envolvidas?

— Considero a hipótese de difícil ocorrência — disse o juiz, desconcertado.

— Avaliou se essas testemunhas teriam algum motivo para prejudicar o juiz?

— Não, isso não foi aventado no processo. Ao contrário, até acredito que elas se arriscaram muito em depor contra um dos juízes mais influentes do tribunal.

— E por que o amigo não considerou essas circunstâncias em seu julgamento?

— Porque tinha de preservar o tribunal e a família do magistrado. O caso teve muita repercussão social, e as pessoas jamais poderiam imaginar que um magistrado pudesse ter aventuras fora do lar. O tribunal ficaria desmoralizado perante a sociedade. Além do mais, o juiz envolvido era de família muito distinta, bem-casado e com pretensões de ascensão na carreira que jamais poderiam ser desconsideradas. Ele estava prestes a ser indicado a ocupar uma vaga em tribunal superior, sonho que fatalmente seria desfeito se a ação de investigação de paternidade fosse acolhida. Eu não poderia ignorar tais aspectos, não poderia jogar a carreira de meu colega na lata do lixo. Sei que talvez não tenha dado a solução mais justa, porém acredito que salvei a família de meu colega.

— Preservou interesses duvidosos em detrimento dos legítimos interesses da criança — ponderou o irmão Luciano. — Deixou o menor sem o reconhecimento do pai, expondo-o aos abandonos moral e material. Tudo isso para preservar a reputação de seus pares, ainda que à custa da infelicidade alheia. E não acredite que sua decisão tenha salvado o casamento do amigo, pois ele continuou a ter outros relacionamentos fora do matrimônio, então bem mais estimulado com o resultado do julgamento. Ele era um homem bem-casado apenas para as colunas sociais.

— Agora compreendo o motivo pelo qual Matilde jamais me perdoou. No dia do julgamento, após a decisão, ela jurou que se vingaria de mim. Nunca mais me deu paz. Escrevia-me cartas ameaçadoras, mandava-me fotos do filho e cópias de sua certidão de nascimento. Todos os anos, no dia dos pais, ela fazia questão de levar a criança à porta do tribunal. Durante mais de dez anos ela me acusou de corrupto. Depois desapareceu e nunca mais tive notícias a seu respeito, embora frequentemente sonhasse com ela. Todavia, diga-me: o que essa mulher tem a ver com minha filha?

— Muita coisa, Carmelo. Nossa irmã acabou desencarnando vitimada pelo suicídio. Entregou-se de tal forma ao ódio e ao desalento que um dia, mergulhada nas próprias sombras, envenenou-se, desencarnando. No entanto, o suicídio não lhe representou nenhum alívio. Ao revés, do outro lado da vida experimentou sensações ainda mais desalentadoras, pois percebeu o engano cometido. Continuou alimentando os mesmos sentimentos negativos contra a sua pessoa e resolveu colocar em prática seu plano de vingança.

— E qual era?

— Atormentar sua filha, impor-lhe sofrimentos atrozes, como o desejo de vingança, retribuindo o que você fez ao filho dela.

— Mas minha filha é inocente. O que ela tem a ver com meus erros? – perguntou Carmelo, transtornado.

— Com seus erros, não. Mas com os dela, sim.

— Não entendo. O que a minha Júlia fez de errado?

— Note bem, Carmelo, somos responsáveis por nossos atos perante as leis da vida. Júlia se tornou uma mulher insensível, autoritária e orgulhosa. Aliás, bem parecida com você. De certa forma, ela acreditava que, por ser filha de um importante magistrado, era diferente das demais pessoas. Acreditava ser superior aos outros. O amigo deve se lembrar do dia em que ela foi furtada por um menor. Lembra-se?

— Sim, recordo-me do episódio. O infrator lhe tomou uma jóia de valor. Isso ocorreu bem em frente ao fórum.

— Exatamente — respondeu o irmão Luciano. — Pois bem, naquele dia, o menor abordou Júlia pedindo-lhe dinheiro para comprar comida. Ele estava faminto, fazia dias que não comia, vivendo de algumas sobras do lixo. Ela não lhe deu um tostão, dizendo que não tinha dinheiro para trombadinhas. Diante do insulto e da completa indiferença, o menor tirou-lhe a pulseira e saiu correndo. Ela, imediatamente, chamou os guardas do fórum, que já a conheciam e sabiam que era sua filha, pedindo-lhes providências. Os policiais conseguiram prender o adolescente ainda de posse da pulseira e o levaram à presença de Júlia.

— E o que ela disse?

— Ordenou, em seu nome, que o menor fosse severamente punido. Falou aos policiais que já havia conversado com o pai e que você havia determinado providências corretivas para o infrator. Nada de apresentar o garoto ao juiz de menores, apenas uma surra inesquecível seria o suficiente. Os policiais levaram o jovem a um matagal e lá o espancaram até a morte. Desencarnado, o menor procurou Júlia para vingar-se, ao tempo em que deparou com Matilde, espírito que alimentava o mesmo propósito. Os dois espíritos se uniram e envolveram Júlia em vibrações perniciosas e enfermiças. Isso explica sua doença progressiva e o fato de os médicos não conseguirem emitir nenhum diagnóstico.

— E quem é esse outro espírito que está ao lado de Matilde? Por acaso é o menor?

— Exatamente, Carmelo.

— Jamais pensei que seria cobrado dessa forma por meus atos. O interessante é que não vejo nenhum juiz me acusando, não percebo nenhum tribunal me colocando no banco dos réus, muito embora sinta a alma carregada de aflição — falou Carmelo em tom melancólico.

— É o tribunal de sua consciência pedindo acerto de contas — ponderou o irmão Luciano.

— E como posso ajudar minha filha? Como posso emendar meus erros? — perguntou Carmelo, aflito.

— A presença de vocês em nossa casa significa bendita oportunidade de recuperação. Vocês quatro foram convocados pela Justiça Divina a se harmonizarem com as leis cósmicas. Todos, sem exceção, precisam de recuperação. O remédio inicial reside no perdão que cada um deverá proporcionar ao outro. Enquanto não se perdoarem, estarão ligados vibratoriamente por sentimentos negativos que se prolongarão por tempo indefinido. Jesus insistiu muito na prática do perdão, pois sem ele o homem não encontra paz e felicidade.

— E só isso será suficiente?

— Não, esse é apenas o primeiro passo. Poderemos estar perdoados, mas não limpos. É preciso reparar a falta cometida.

— O que posso fazer para reparar minhas faltas? — perguntou Carmelo, apreensivo.

— Podemos começar estimulando Júlia a se aproximar do filho de Matilde.

— Mas como?

— O menino hoje conta com dezesseis anos e está num abrigo para menores desde o falecimento da mãe. Sem mãe e sem pai, foi internado pelo juiz de menores num orfanato localizado próximo à residência de sua filha, no aguardo de possível adoção. Mas nenhum casal se interessa em adotar pessoas com essa idade. Quem sabe poderíamos aproximar sua filha do filho de Matilde para harmonização das famílias. Quem sabe uma adoção não seja a justa reparação para todos.

— O irmão acredita que Júlia estaria disposta a tamanho sacrifício?

— Não penso que isso lhe represente um castigo. Ao contrário, é o único remédio capaz de curar seus problemas. Na medida em que ela abrir o coração para acolher o menor, seu padrão vibratório alcançará faixas mais elevadas, e com isso estará se desligando da sintonia mantida com seus algozes. Sua cura passa necessariamente pelo desenvolvimento de sentimentos mais nobres. Com isso entendemos o que Jesus quis dizer quando falou que o amor cobre a multidão dos pecados. Além do mais, penso que Matilde ficaria sensibilizada com o amparo dado ao filho que deixou na Terra em condições lamentáveis.

— Eu nunca havia cogitado desses conceitos em minha existência. Sempre fui um homem religioso, ia à missa todos os domingos, confessava-me habitualmente. Entretanto, agora vejo que a absolvição do sacerdote não me livrou do ajuste de contas com aqueles que eu não soube respeitar. Quanto engano de minha parte! – finalizou Carmelo, arrependido.

— Não se lamente, meu irmão. Todos nós tropeçamos nas pedras da própria ignorância das leis espirituais. O homem pode enganar a justiça terrena, naturalmente falível pela própria condição evolutiva precária dos homens. Contudo, jamais poderá se livrar das leis cósmicas, que estão inscritas em sua consciência. Infringindo os códigos celestes, cuja lei suprema é a Lei do Amor, o homem sente a consciência culpada, que se incumbirá de pedir a justa reparação, mais cedo ou mais tarde. Por isso, diante da culpa, a única terapêutica indicada consiste na urgente reparação das nossas faltas.

— No caso de Júlia, como a convenceremos a se aproximar do filho de Matilde?

— Hoje mesmo poderemos visitá-la em casa e conversar com ela durante os momentos de desprendimento parcial do corpo.

O caso de Carmelo encaminhou-se segundo os planos do irmão Luciano. Júlia teve um rápido encontro com o pai e foi por ele estimulada a procurar o orfanato, onde encontraria o filho de Matilde. Desperta, Júlia acreditou que havia tido um lindo sonho com o genitor, que lhe pedia para visitar o orfanato e acolher um ente querido. Ela, que já experimentava melhoras com o tratamento espiritual, cansada de sofrer com a própria maneira de ser, resolveu atender ao convite paterno. Dirigiu-se ao orfanato e lá os mentores cuidaram para que fosse atraída para o filho de Matilde. Ela se compadeceu do olhar triste do menino, inteirou-se de sua situação e passou a visitá-lo com frequência. Pouco a pouco, estabeleceu-se entre eles uma afinidade tal que Júlia sentiu-se inclinada em adotá-lo. O menor também se afeiçoou à filha de Carmelo e, em pouco tempo, a adoção foi apenas a concretização dos laços de afeto que se formaram entre os dois.

A alegria de Matilde ao ver o filho amparado pelas mãos do antigo desafeto era indescritível. Sensibilizada, Matilde abandonou seus propósitos de vingança, pois não poderia prejudicar aquela que agora fazia o papel de mãe de seu filho. Ao contrário, Matilde prometeu recuperar-se para poder ajudar Júlia a educar o filho. O menor que prejudicava Júlia não encontrou mais campo vibratório para envolvê-la. Aliás, ele também ficou sensibilizado com o gesto da adoção e percebeu que ela se tornara outra pessoa – não era mais aquela orgulhosa, preconceituosa. Aceitou o convite dos espíritos do bem a se recolher em colônia de refazimento espiritual e programar sua próxima encarnação.

Quanto ao magistrado, ele pediu espaço para dar um aviso aos colegas:

– Meus amigos, exerci a magistratura durante mais de quarenta anos. Despedi-me do tribunal com honrarias e glórias. Mas depois que a morte me colheu, como colherá todos vocês, surpreendi-me com outra realidade que jamais havia cogitado em minha existência. Percebi que a judicatura deve ser encarada como oportunidade de serviço ao nosso semelhante, e não como ensejo de serviço aos nossos próprios interesses. Nosso poder é transitório, pois aqui me encontrei sem a autoridade da toga. Perante a vida maior, o único poder que conta é o poder do amor que tivermos aos nossos semelhantes. Enquanto estão aí, não desperdicem a oportunidade de servir, utilizando a compaixão e a serenidade. Não sejam duros, inflexíveis. Pensem que justiça sem amor não é justiça verdadeira. Mais do que punir, vamos educar; mais do que encarcerar, vamos cuidar das almas enfermas que procuram os tribunais. Hoje me sinto prisioneiro de minha própria vaidade, carregando o pesado fardo do orgulho. Devo retirar a toga e entregá-la a Deus, pois foi Ele quem me concedeu a oportunidade de servir, e eu não compreendi o sentido verdadeiro da missão que me foi confiada. Preciso refletir muito sobre a minha última experiência. Todavia, vocês que ainda estão encarnados ouçam-me e reflitam sobre o que estão fazendo em sua vida, para que amanhã, ao atravessar o rio da morte, não cheguem aqui como eu cheguei: náufrago de valores espirituais. Autoridade é oportunidade de servir às causas do bem e da justiça, nada mais do que isso. Pensem e orem muito por mim.

"Poderosas e irresponsáveis, as crianças são praticamente educadas para usar drogas."

IÇAMI TIBA (PSIQUIATRA E ESCRITOR)

Voltamos à delegacia de polícia. Mário estava no plantão em pleno sábado à noite, atendendo a uma ocorrência de acidente de trânsito, oportunidade em que policiais militares chegaram ao distrito conduzindo um rapaz aparentando, aproximadamente, quinze anos de idade, com sinais de uso recente de entorpecente.

– Senhor delegado – apresentou-se o policial condutor da ocorrência –, encontramos este adolescente nas cercanias do cemitério portando dois cigarros de maconha. Quando o abordamos, pudemos perceber que fazia uso da droga.

– Ele estava sozinho? – perguntou Mário.

– Não, estava acompanhado de um outro elemento, que fugiu pelo cemitério e não conseguimos alcançar.

Mário fixou o olhar no menor, como a querer desvendar os motivos que levaram aquele belo rapaz a enveredar pelo caminho das drogas.

— Qual seu nome, garoto?

— Maurício — respondeu o jovem, assustado.

— Você não acha que é muito jovem para ficar na rua até essas horas?

— Não vejo problema, doutor. Não estava fazendo nada de errado.

— Não mesmo? — perguntou o delegado, com certa ironia. — E o que me diz dos cigarros de maconha que os policiais encontraram com você?

— Estava fumando para aliviar a cabeça. Era só um baseado, doutor. Não faz mal a ninguém.

— Faz sim, menino. Faz mal a você e à sociedade. Por acaso seus pais sabem disso?

— Se não sabem, desconfiam. Mas acho que não estão nem aí comigo...

— Como assim? — indagou o delegado.

— Minha mãe é alcoólatra, doutor. Se o senhor for em casa agora, vai comprovar o que estou falando...

— E seu pai?

— Deve estar na farra com os amigos...

— Você deve estar mentindo, garoto. Está falando isso só para me enganar.

— Falo a verdade, doutor. Pode ligar para minha casa que o senhor vai ver que não estou mentindo. E, se falar para eles que eu estava fumando maconha, eles nem vão dar bola. Sempre foi assim...

Mário chamou o investigador e ordenou que os pais de Maurício fossem conduzidos à delegacia. Enquanto isso, continuou dialogando com o menor:

— Desde quando você vem usando drogas?

— Há um ano estou fumando maconha, e cerveja já bebo desde os onze anos.

— Onze anos? E onde você começou a beber?

— Ora, doutor, em casa. Desde que me conheço por gente vejo meus pais tomando bebidas alcoólicas. Eles bebiam, ficavam alegres e davam para eu experimentar. Diziam que era só para eu molhar o bico. E pouco a pouco fui me habituando a beber. Até que um dia tomei um porre num barzinho. Passei muito mal, pensei que ia morrer...

— E seu pai? O que disse?

— Ele me deu os parabéns. Disse que eu já era um homem por ter tomado o meu primeiro pileque. De lá para cá, passei a beber todo sábado e domingo. Durante a semana maneirava por causa da escola, mas, quando chegava sexta-feira, começava a bebedeira, que só terminava no domingo. Depois, para a maconha foi um pulinho. Um amigo mais velho do grupo ofereceu para os demais, e aí quem não experimentava era tachado de careta. Todos nos envolvemos com a droga. Alguns já a abandonaram, outros, porém, partiram para drogas mais fortes. Eu só quero aliviar minha cabeça, doutor. Só quero alguns momentos de prazer e alegria.

— Parece-me que você tem alguns problemas — observou o delegado.

— Minha vida é uma chatice, doutor. Não tenho alegria de viver, por isso uso droga para esquecer a tristeza.

— Seus problemas não são financeiros, não é verdade?

— Não são. Meu pai é um homem rico, sempre me deu de tudo. Tudo o que desejo meu pai me dá. Contudo, tudo o que ele me dá não me preenche. Sinto um vazio no peito que nada é capaz de aliviar, doutor. Por favor, me ajude, me ajude. Eu não aguento viver assim...

Maurício rompeu em prantos desesperados, sensibilizando o coração de Mário. O escrivão logo se aproximou com um copo de água para o menino, tentando minimizar seu sofrimento. Maurício ficou aos cuidados de um policial, enquanto Mário atendia a uma nova ocorrência e aguardava a chegada dos pais do garoto.

Horas depois, o investigador chegou à delegacia trazendo o genitor de Maurício:

— Doutor Mário, trouxemos o senhor Erasmo, pai do rapaz. Está lá fora aguardando o senhor chamá-lo. Desculpe-me pela demora, mas é que a mãe não tinha a menor condição de vir e tivemos de aguardar a chegada do pai.

— Como assim? — perguntou Mário.

— A mãe estava completamente embriagada, e o pai não estava em casa. Somente por volta das quatro horas é que o pai chegou.

— Está certo, já entendi tudo: o moleque não estava mentindo. Mande entrar o pai e traga o garoto.

— Bom dia, senhor Erasmo. Eu sou o delegado de plantão e mandei chamá-lo porque temos um assunto muito importante a tratar. Aqui também está seu filho, que horas atrás foi surpreendido por policiais militares, próximo ao cemitério da cidade, fazendo uso de maconha. O que o senhor tem a nos dizer?

– Só posso lamentar, profundamente. Sinto-me um pai desventurado...

Voltando os olhos para o filho, Erasmo, transtornado, argumentou:

– Como você foi fazer isso comigo, Maurício? Que desgosto, que desgosto você está me dando! Estar aqui nesse ambiente horrível, no meio de bandidos, eu que sou homem de bem, pai de família, respeitado. O que é que eu fiz a você? Por acaso deixei de lhe dar alguma coisa? Por acaso você não estuda no melhor colégio? Porventura não usa as melhores roupas, não faz os melhores passeios, não ganha os melhores presentes? E tudo isso para você me botar numa delegacia às cinco horas da manhã? Diga-me, o que é que eu não lhe dei? Diga-me! Fale ao delegado se algum dia deixei de lhe dar alguma coisa!

– Não, pai, você me deu tudo, mas me deu apenas coisas, e eu também queria você, a sua companhia, a sua conversa, a sua brincadeira, a sua presença. Esses presentes eu não recebi. Você nunca está por perto: sempre atarefado com os negócios, os amigos, as partidas de futebol, as reuniões do clube, e eu sempre por último. Eu ficava aguardando o senhor até tarde da noite, mas dormia, cansado de esperá-lo...

– Eu estava pensando no seu futuro, filho. Papai trabalha muito para dar a você um futuro melhor. Mas parece que você não entendeu meu esforço...

– Eu não quero saber do futuro, pai. Eu sinto a sua falta hoje, sinto falta de uma família. Não posso contar com o senhor, que está sempre fora de casa, e com a mamãe nem pensar. Ela dorme o dia todo e à noite embriaga-se em companhia de amigas e daquelas malditas cartas. Eu não tenho família, pai. Será que o senhor não percebe isso?

Erasmo estava surpreso com as palavras do filho. Jamais havia pensado que ser pai é muito mais do que manter as despesas do lar, dar presentes aos filhos, enfim, provê--los de assistência material. Naquela noite percebeu que seu filho também era um menor carente, não daquele que está na rua pedindo esmolas nos semáforos, mas um carente de amor, de afeto, de companheirismo. O pai correu para os braços do filho e os dois puseram-se a chorar. Mário não conseguiu conter as lágrimas ao ver a comovedora cena. Não deixou de se lembrar de seus pais, que jamais lhe faltaram com o mais sublime dos sentimentos humanos: o amor.

Recompondo-se, Mário exortou pai e filho a iniciarem uma nova caminhada. Ele narrou um pouco da sua infância, falou das privações que sofreu e exaltou o amor dos pais, que foi o santo remédio que fez com que todas as adversidades fossem superadas. Despedindo-se, determinou que eles se apresentassem, na segunda-feira, ao juiz da infância e da juventude, a fim de que a autoridade judiciária determinasse as providências necessárias ao caso.

Aos que desconhecem a realidade além da vida, a ocorrência policial chegara ao fim. No entanto, na própria delegacia de polícia, fora dos limites que os olhos físicos conseguem registrar, ainda se desenrolavam fatos ligados ao caso de Maurício. Três nobres entidades prestavam valioso auxílio aos serviços que se realizavam no local, fosse no amparo aos policiais, fosse no atendimento aos presos e às vítimas encaminhadas àquele distrito. Sálvio e Abel puderam registrar a assistência que uma das entidades prestou ao caso de Maurício. Tratava-se de Silas, espírito que em sua derradeira encarnação também foi policial dos mais abnegados. Sálvio observou que Silas envolveu pai e filho em uma cúpula protetora enquanto os dois conversavam na delegacia. Sálvio quis saber a razão:

— Meu amigo Silas, estamos aqui em tarefas de aprendizado e gostaríamos que nos explicasse o motivo pelo qual o amigo envolveu pai e filho naquela cúpula de luz. Seria possível nos esclarecer?

— Mas é claro, Sálvio. É sempre um prazer cooperar com os amigos. Maurício e o pai sofrem o assédio de entidades desencarnadas que não se interessam por uma solução para o problema. O jovem está envolvido por uma entidade infeliz que ainda tem necessidade da droga e do álcool. Esse irmão desencarnou por overdose e vive desesperado em busca de pessoas viciadas, com quem se associa vibratoriamente para também se beneficiar do consumo da droga. Fiquem certos de que a pessoa que se vincula aos vícios, do álcool ou de qualquer outra droga, nunca está só. Tem sempre companhias espirituais compartilhando seus hábitos. Com Maurício não seria diferente.

— E o pai? – perguntou Abel.

— Da mesma forma, o pai está envolvido por entidades levianas que o querem ver cada vez mais longe de casa. Foi por isso que colocamos pai e filho em uma cúpula de luz protetora, a fim de que ficassem livres, pelo menos naquele momento, das influências maléficas dos espíritos infelizes que os influenciam e pudessem manter um diálogo construtivo, visando à recuperação da família. E parece que tivemos sucesso. Agora deveremos conversar com a entidade que acompanha Maurício, propondo-lhe um novo caminho, oferecendo-lhe estadia em um posto de atendimento espiritual destinado à recuperação de jovens desencarnados por uso de drogas. Nosso trabalho aqui é muito intenso, pois a misericórdia divina está presente em todos os lugares, principalmente naqueles de maior dor e sofrimento.

– O amigo acredita que Maurício ficará livre da droga? – questionou Abel.

– Não se sabe. Tudo vai depender da decisão dele de abandonar o vício, bem como do apoio que receber da família.

– Você acredita que a família seja a grande culpada? – voltou Abel a perguntar.

– Esse problema é muito complexo para que tenhamos respostas simplistas. A família tem um papel importante na prevenção do problema das drogas. No caso de Maurício, vemos claramente que a desagregação familiar abriu campo para que o menor se envolvesse com entorpecentes. No fundo, Maurício é um menino com sérios problemas de autoestima, porque se sente rejeitado pelos pais. Faltaram-lhe amor e afeto, e isso fez com que ele tivesse um péssimo conceito de si próprio. Não se acha digno de ser amado, portanto não se ama. E quem não se ama não se respeita, não dá valor à própria vida. Erasmo tentou suprir essa carência emocional, mas o fez de forma equivocada. Deu ao filho coisas: os melhores presentes, as melhores roupas, os melhores colégios. Mas, a carência do filho não era material, de modo que não poderia ser compensada com objetos, coisas. Maurício tinha fome de carinho, afeto, ternura, enfim, de amor. O pai permitia que o filho fizesse todas as vontades, jamais impondo limites aos seus desejos. Maurício foi criado com a possibilidade de sempre fazer o que quisesse, como forma de aliviar a consciência culpada dos genitores. Assim, quando entrou na adolescência, sentiu-se poderoso para continuar fazendo o que bem entendesse. E como continuava com as carências emocionais, com a autoestima muito reduzida, buscou no álcool e na droga o alívio para as dores da alma.

— Um jovem de família bem-estruturada está livre do contato com as drogas? — perguntou Abel.

— Diríamos que está mais protegido, mas não totalmente livre desse perigo. Temos visto jovens de família equilibrada também enveredarem pelos vícios. O homem nasce, desenvolve-se intelectualmente, porém ignora quem ele é, o que veio fazer no planeta e para onde vai depois da morte. Poucos descobrem que são espíritos, ou seja, que são muito mais do que o corpo e que reencarnaram com objetivos evolutivos. Essas noções modificariam a paisagem do homem na Terra, pois ele valorizaria a vida, as oportunidades de progresso, buscando realizar seu propósito de vida. A falta de um sentido para a vida é que tem levado muitos ao mundo dos entorpecentes.

— Poderia falar mais um pouco sobre isso? — solicitou Sálvio.

— É claro. Realmente esse assunto é importante. Todos nós temos um propósito de vida, ou seja, quem está reencarnado no planeta tem uma tarefa, um trabalho a fazer, veio com uma missão. Esse trabalho é o desenvolvimento dos nossos talentos: o médico tem o talento da cura; o pedreiro tem o talento de construir casas; o artista, de sensibilizar os corações; o humorista, de alegrar as pessoas; o professor, de ensinar. Todos temos talentos e seremos felizes se desenvolvermos nossa missão de vida. Quando isso acontece, o espírito é feliz, porque está realizando aquilo que gosta. E a pessoa feliz não precisa de drogas para alegrar-se, porque naturalmente está alegre. Ela já está embriagada com a vida, não precisa de agentes químicos para encontrar o prazer que está sentindo com o desenvolvimento de seu projeto de vida.

— As religiões teriam algum papel na prevenção das drogas?

— Com certeza — respondeu Silas. — Os pais jamais poderiam dispensar os filhos do contato com os ensinamentos religiosos. Muitos genitores, a pretexto de uma falsa liberdade, afastam os filhos dos conhecimentos religiosos, a fim de que eles, quando crescerem, façam as suas próprias opções. Isso é um grande engano, porque a melhor fase de aprendizado está exatamente nos primeiros anos de vida. É na primeira infância que a criança estrutura a base da personalidade do adulto. Deixar as formações moral e religiosa para depois seria o mesmo que construir um prédio para só depois pensar nos alicerces. Esse prédio estará fadado a desmoronar.

— Obrigado, Silas, pelas oportunas explicações. Ainda teremos o ensejo de novos encontros, pois estamos acompanhando o desenvolvimento do nosso Mário. Desejamos que o amigo seja muito feliz em seu trabalho e que Jesus o abençoe sempre – finalizou Sálvio, despedindo-se, pensando nos valiosos ensinamentos recebidos.

"Nenhum esconderijo me pode proteger contra as consequências dolorosas dos males que vier a praticar. Nenhuma potência, terrena ou não, poderá deter a mão-carícia de Deus a procurar-me pelo que eu tiver feito de bom. A isso chamo justiça."

HERMÓGENES

Ao término do plantão, Mário, exausto, foi para casa buscando o merecido repouso. Eram oito horas da manhã de domingo e ainda teve disposição de comprar alguns pãezinhos para tomar café com a mãe. Ao chegar em casa, Ana o aguardava, apreensiva:

— Que bom que você chegou, filho. Fico preocupada com esses plantões à noite.

— É bom estar em casa, mãe. De fato, o ambiente na delegacia é muito tenso. Nunca sabemos o que vai acontecer, por isso sempre devemos estar preparados para tudo.

— Por isso é que você deve orar constantemente, filho. Você precisa estar bem protegido.

— Acho que preciso fazer uma visita a dona Lurdinha, a benzedeira...

— Eu concordo, filho. Você precisa tomar uma proteção. A hora que desejar ir é só me avisar. Agora sente aqui e vamos tomar um café fresquinho que acabei de passar.

– Mãe, o que seria de mim sem o seu carinho?

– Ah, filho, meu amor por você é muito grande...

Mário não conseguia esconder as lágrimas. Ele estava muito impressionado com o caso do jovem Maurício.

– Sabe, mãe, esta noite atendi um jovem envolvido com drogas. Hoje pude perceber a importância que a família tem na vida de uma pessoa. Vi aquele moço sem o carinho da mãe, sem o afeto do pai, completamente desorientado. Ele tinha coisas, mas não tinha os pais por perto. E me lembrei da minha infância, cercada de dificuldades materiais, mas repleta do carinho da senhora.

– É verdade, filho. Eu e seu pai sempre procuramos demonstrar aos filhos todo o nosso carinho. Era a única coisa que podíamos dar.

– E foi a mais importante, mãe. Serei eternamente grato a vocês, principalmente à senhora, que aguentou toda a barra depois que o papai morreu. Imagino como deve ter sido difícil para a senhora ter de nos educar sem o apoio do pai...

– Foi difícil, Mário, mas a misericórdia divina nunca nos faltou. Várias pessoas apareceram em nossa vida e nos deram, nas horas amargas, a ajuda de que necessitávamos.

– A propósito, mãe, a senhora nunca suspeitou de algo a respeito da morte do pai? Parece que a senhora evita tocar neste assunto.

– Não sei de nada, filho. É um capítulo doloroso em nossa vida. Só posso dizer que seu pai estava muito estranho meses antes de ser morto. Passou a andar em companhia de pessoas suspeitas, me deixava ir para a rua sozinha, tornou-se um homem muito diferente daquele com quem me casei. Mas vamos deixar essa conversa triste de lado, pois nada vai trazer seu pai de volta.

 Ana abraçou o filho e deslizou a mão em seus cabelos, envolvendo-o em vibrações de ternura e carinho. Mário beijou suas mãos em sinal de agradecimento por tudo o que dela vinha recebendo. Após o café, ele dirigiu-se ao quarto para recuperar as horas de sono perdidas.

 No ambiente do lar, Sálvio e Abel presenciaram aquele momento tão formoso entre mãe e filho. Abel, em particular, estava muito emocionado e não conseguiu também conter as lágrimas:

 — Meu amigo Sálvio, não consigo controlar meus sentimentos diante de cena tão comovedora. Dou graças a Deus pelo fato de a família não ter se perdido com a minha desencarnação. Você sabe que sofri muito por ter deixado minha família na Terra, principalmente pelas condições em que isso ocorreu.

 — Acompanhamos sua trajetória, Abel, e, como disse a nossa querida Ana, sua família jamais ficou ao desamparo.

 — A propósito, Sálvio, até hoje não me foi explicado o motivo pelo qual fui assassinado. Nossos superiores me disseram que um dia teria explicações. No entanto, já desencarnei há quase vinte anos e até agora ninguém me deu esclarecimentos.

 — Acredito que hoje você já tenha maturidade para receber mais informações sobre o caso. Vamos nos dirigir à colônia e pedir auxílio ao irmão André.

Valendo-se do recurso da volitação,[7] Sálvio e Abel ganharam o espaço e movimentaram-se até a Estância da Regeneração, uma dentre as múltiplas colônias situadas no plano espiritual. A Estância da Regeneração fora fundada há alguns séculos por espíritos superiores ligados ao progresso da legislação e do Direito na face da Terra. Nela foram se incorporando advogados, juízes, legisladores, promotores, delegados de polícia, políticos, enfim, todos aqueles que, de uma forma ou de outra, vincularam-se aos processos da Justiça na experiência terrena. De igual modo, a colônia se dispõe a abrigar aqueles que fracassaram em suas experiências comprometendo-se com a Justiça. Sálvio nos dará mais informações a respeito da colônia, tendo em vista seu encontro com o irmão André:

– *Olá, meu amigo André! Como anda o serviço por aqui?*

– *Olá, Sálvio! Você deve imaginar que serviço é o que não falta em nossa colônia. Ultimamente, temos recebido inúmeros irmãos que regressaram da Terra em precárias condições.*

– *Poderia explicar melhor?*

– *Perfeitamente. Muitos companheiros reencarnaram com o objetivo de se renovarem moralmente pela prestação de um serviço público na área da Justiça. Regressaram ao planeta como advogados, vereadores, prefeitos, juízes, policiais, enfim, voltaram com a oportunidade de reparar inúmeras faltas cometidas em existências anteriores. Mais do que isso: retornaram ao pla-*

---

7. Volitar: do latim *volitare*, esvoaçar, voltear. Faculdade que os espíritos têm de se deslocar de um lugar a outro, pelo poder da vontade. Consulte André Luiz, *Obreiros da vida eterna*, FEB, 24ª ed., p. 169, 172, 192 e 193 (N.A.).

neta com o objetivo de se auto-educarem por meio da função pública. No entanto, a grande maioria regressou da experiência física em lamentável condição. Muitos falharam em seus propósitos educativos, porquanto repetiram as mesmas condutas destrutivas das encarnações anteriores. Em nada evoluíram.

— Poderia nos dar um exemplo? — solicitou Sálvio.

— Por certo. Vamos conhecer o caso de um de nossos irmãos recolhido em um dos pavilhões da colônia. Sua reencarnação foi muito bem planejada, tendo regressado ao plano terreno para exercer a advocacia. Em experiência passada, esse irmão havia prejudicado várias pessoas de pouca cultura, usurpando-lhes as terras. Pouco a pouco, tornou-se um latifundiário, e arregimentava os mesmos expropriados a trabalhar na lavoura em troca do próprio sustento. Aos sessenta anos, contraiu tuberculose, que o levou à morte depois de meses de intenso sofrimento físico. Desencarnado, vários espíritos dos colonos esbulhados de suas terras assediaram-no, impondo-lhe estágio penoso em regiões sombrias do mundo espiritual. Anos se passaram, ele caiu em si e arrependeu-se dos equívocos cometidos, o que possibilitou sua acolhida na Estância da Regeneração. Aqui, durante quarenta anos, programou nova reencarnação e retornou à carne na condição de advogado. Sua intenção era defender os oprimidos, os pobres, os que não tinham voz na sociedade. Ele pediu para reencarnar como advogado, a fim de desenvolver o sentimento de solidariedade, de fraternidade e de justiça, defendendo aqueles que, na maioria das vezes, nem chegam a bater às portas da Justiça por absoluta falta de condições econômicas. Ele seria a voz dos que não têm voz. Dentre esses que o procurariam estariam alguns que na existência passada ele havia prejudicado. Preparou-se intensamente, fez vários cursos aqui, instruiu-se com abnegados mentores e voltou ao planeta com enormes possibilidades de sucesso.

— E como foi seu aproveitamento? — perguntou Sálvio, curioso.

— Nosso amigo reencarnou como filho de um famoso advogado, formou-se em Direito e herdou invejável banca de advocacia. Assim que o pai desencarnou, ele assumiu o escritório e multiplicou o número de clientes. Dinâmico e astuto, em pouco tempo ganhou fama de advogado que não perde causa, aumentando a clientela.

— Aquela com a qual havia se comprometido? — questionou Sálvio.

— Infelizmente, não. Seus compromissos reencarnatórios foram completamente esquecidos. Vários irmãos menos afortunados procuraram seu patrocínio, contudo ele jamais defendeu pessoas que não tivessem condições de pagar seus elevados honorários.

— E não lhe deram algum aviso de que estava traindo seus objetivos?

— Vários — respondeu o irmão André. — Seu pai sempre lhe recomendava assistir os necessitados. Ele mesmo tinha no escritório diversas causas de pessoas que não possuíam condições de pagar honorários de advogado. Dizia que eram clientes especiais, mandados por Deus, e que deveriam, por isso, receber o melhor tratamento.

— E o que fez o filho?

— Com a morte do pai, mandou todos embora; que procurassem alguém disposto a fazer caridade. Mesmo desencarnado, seu pai ainda lhe aparecia em sonhos, avisando-o do equívoco cometido. Mas nosso irmão não dava importância. Curiosamente, mandou rezar várias missas para a alma do pai, recomendando ao padre que encarecesse aos céus que tirassem o genitor de seus sonhos. Não sabia, porém, que o pai desejava evitar-lhe pesadelos futuros.

— Como ele se comportou em relação aos demais clientes? – indagou Sálvio.

— Fez mais do que podia ter feito. Acreditava que os fins justificavam os meios. Com isso, comprou testemunhas, aliciou alguns juízes, subornou policiais, adulterou documentos, produziu provas ilícitas, enfim, valeu-se de expedientes condenáveis. Conquistou fortuna e prestígio social, porém à custa da injustiça alheia. Sua fama foi construída em cima da dor e do desespero de muitas pessoas que tiveram seus direitos violados. Amealhou tesouros na Terra, mas do tipo que as traças corroem e os ladrões roubam. Desencarnou, vítima de um enfarto fulminante, chegando ao plano espiritual em estado de quase loucura. Aqui reencontrou antigos desafetos, com os quais não conseguiu se harmonizar. Deparou com almas revoltadas pelas injustiças que ele cometera, quase uma centena de irmãos desorientados clamando por justiça. Recentemente foi socorrido por nossa equipe e agora se encontra internado num dos pavilhões de nossa colônia em lamentável estado psíquico.

— Poderíamos conhecê-lo? – perguntou Sálvio.

— Sim. Vamos até o pavilhão.

André conduziu Sálvio e Abel ao pavilhão dos enfermos. O local era um verdadeiro hospital: médicos e enfermeiros se deslocavam por amplos corredores em tarefas de auxílio, doentes gemiam, gritos lancinantes espocavam nos quartos. Abel estava assustado com o que seus sentidos registravam. Ao se aproximarem do quarto, o irmão André pediu que Abel mantivesse serenidade e vigilância de pensamentos, a fim de não causar impressões negativas ao já complicado estado de saúde do enfermo. Ao entrarem no aposento, Abel não conseguiu conter a surpresa:

– Romualdo! – exclamou. – *O que está fazendo aqui?*

– *Calma, Abel* – interveio Sálvio. – *Mantenha a já recomendada vigilância.*

– *Mas, Sálvio, é o Romualdo, o advogado que deu o primeiro emprego ao meu filho. Eu não sabia que ele havia desencarnado.*

– *Desencarnou há poucos meses* – respondeu o irmão André.

Romualdo não registrava a presença dos visitantes. Gemia, como se estivesse sofrendo dores profundas, e vez ou outra entrecortava os gemidos com gritos de pavor e desespero.

– *O que ocorre com ele?* – indagou Abel.

– *Ainda sente os reflexos do infarto. Temos dispensado a ele todos os cuidados necessários, porém sua recuperação será lenta em virtude dos graves compromissos assumidos na última experiência. Sua intemperança mental, as explosões constantes de cólera, a costumeira irritação, a ganância desmedida mina-*

ram-lhe as energias cardíacas. O homem sempre se defronta com suas próprias criações e atitudes.

— E como explicar esses gritos alucinantes?

— Sua consciência de culpa registra as acusações que lhe endereçam as almas com as quais ele se comprometeu. Algumas delas já o perdoaram, todavia a grande maioria ainda clama por justiça. Vemos então que céu e inferno não são locais determinados onde nos situamos depois da desencarnação. Respiramos no clima das nossas conquistas ou dos nossos fracassos. Vivemos o céu ou o inferno construído dentro do nosso próprio coração.

— Quais são as perspectivas de melhora pare ele? – questionou Sálvio.

— Creio que ainda permanecerá algum tempo internado em nossos pavilhões, até que suas condições mentais progridam a ponto de ele trabalhar intensamente em favor da própria recuperação e solicitar nova oportunidade de regressar ao plano físico.

— Será próxima a volta à experiência física?

— Não nos parece oportuno um regresso tão cedo. Ele ainda precisa amadurecer muito e refletir seriamente a respeito de seus atos, suas tendências e do que significou ter desperdiçado sua última experiência na Terra. Uma nova reencarnação só poderá ocorrer quando ele se sentir preparado e confiante. Até lá, Romualdo deverá trabalhar muito para merecer nova oportunidade reencarnatória.

Pondo um fim no assunto, o irmão André fez um sinal para indicar que era o momento de deixarem Romualdo sob os cuidados dos enfermeiros. Saindo do pavilhão, os três alcançaram o jardim central de onde partiam todas as enfermarias da colônia. Caminhando entre belíssimas roseiras, o irmão André dirigiu-se ao companheiro de Sálvio:

— *E você, Abel? Como tem passado?*

— *Estou bem, meu amigo. Algumas dúvidas ainda me inquietam, mas creio que em breve terei as explicações devidas.*

— *Nosso irmão Abel gostaria de conhecer mais detalhes a respeito de seu prematuro regresso ao plano espiritual, considerando o crime de que foi vítima* — ponderou Sálvio ao irmão André.

— *Temos observado seu progresso, Abel, e já esperávamos por essa procura. Se o irmão estiver realmente interessado, amanhã poderemos analisar seu caso.*

— *É o que mais desejo no momento* — disse Abel, ansioso.

— *Pois bem, esteja amanhã aqui bem cedo, em companhia de Sálvio. Roguemos ao Senhor da Vida que nos permita conhecer um pouco mais sobre nós mesmos. Até amanhã.*

— *Até amanhã, André* — despediu-se Sálvio, agradecido, enquanto Abel inquietava-se pelo que estava prestes a descobrir a seu próprio respeito.

"O que pensamos é menos do que sabemos.
O que sabemos é menos do que amamos.
O que amamos é muito menos do que existe.
E, até esse ponto, somos muito menos do que somos."

R. D. LAING

No dia seguinte, logo de manhã, Abel e Sálvio se encontraram com o irmão André, que os dirigiu a uma sala especial, cujo ambiente favorecia a introspecção. Abel foi acomodado em uma cadeira confortável. O irmão André lhe dirigiu a palavra:

– *Abel, é preciso muito equilíbrio neste momento. Você vai se recordar de episódios desagradáveis, mas que respondem às suas inquietações. Tenha calma e confie.*

Sálvio aproximou-se de Abel e aplicou-lhe um passe, cujas energias ativaram sua memória espiritual. Em alguns segundos, a luz da sala se apagou e Abel sentiu-se inquieto com o desenrolar dos fatos. Um turbilhão de pensamentos passou por sua mente, várias cenas acontecendo ao mesmo tempo, rostos desconhecidos, lugares em que nunca estivera. Era como se tivesse mergulhado em um túnel do tempo.

Lentamente, o irmão André mais uma vez lhe dirigiu a palavra:

— *Abel, poderia me descrever algum lugar específico?*
— *Sim, parece que vejo um outro país, talvez localizado na Europa do século 19.*
— *Mais algum detalhe?*
— *Estou vendo uma cidade agrícola. Várias pessoas se dirigindo à igreja, o padre rezando a missa. Tudo acontecendo muito rápido. Ao término da cerimônia, um grupo de homens sai da igreja e se reúne às escondidas na casa de um deles. Já é tarde da noite, estão sob luz de velas, não querem ser reconhecidos.*
— *Você pode identificar o que conversam?* — perguntou o irmão André.
— *Parecem tramar a morte de uma pessoa...*
— *Mas por quê?* — indagou o benfeitor.
— *Falam que ela não quer cooperar com a organização.*
— *Fale um pouco mais sobre isso...*
— *Vejo que eles compõem uma organização criminosa, clandestina. Estão planejando matar uma pessoa que vem praticando pequenos furtos na cidade e que a polícia não consegue prender. Dizem que estão cansados de esperar pela aplicação da lei, que agora farão justiça com as próprias mãos...*
— *Alguém lidera esse grupo?*
— *Sim, dois homens parecem comandar a organização.*
— *E o que mais está vendo?*
— *Agora noto uma rua de terra muito escura. Um homem vem caminhando, descontraído; aparenta estar ligeiramente embriagado.*
— *Quem é ele?*
— *Acredito que é o criminoso que a organização deseja liquidar...*

— E o que acontece?

— Ah, meu Deus, pegaram-no. Os homens da organização prenderam aquele homem! Começaram a agredi-lo, sem parar. Oh, quanta violência! Não, não. Parem, por favor. Chega, eu não aguento mais!

As luzes se acenderam e Abel despertou daquilo que lhe pareceu um verdadeiro pesadelo. Sálvio, novamente, dispensou ao amigo energias calmantes por meio do passe. Minutos depois, Abel já estava recomposto e teve o ensejo de iniciar o diálogo com seus amigos:

— Irmão André, por que esses fatos vieram-me à lembrança?

— Certamente porque o amigo tem a ver com tudo o que viu. Aí está a chave que pode abrir a porta para as suas dúvidas.

— Qual a minha ligação com aquelas pessoas?

— Toda. Você sentiu alguma atração por algum dos personagens? — questionou o irmão André.

— Sim, parecia que estava imantado a um dos líderes da horrenda organização.

— Pois bem, fique então sabendo que aquela foi a sua última encarnação antes de regressar ao planeta como pai de Mário.

— Eu? Não posso acreditar nisso — falou Abel, cabisbaixo.

— Você mesmo, amigo. Não se envergonhe. Ninguém aqui o condena. Apenas queremos aprender com as experiências passadas. Examine as suas tendências, Abel. Verifique se o pai de Mário não teve um comportamento muito parecido com o desse líder. A organização arvorou-se em defensora da moral e começou a fazer justiça com as próprias mãos. Fizeram julgamentos privados, prenderam e executaram criminosos sem respeito aos mais comezinhos direitos de defesa. Sem falar na prisão de inocentes, que foram condenados à morte sem nenhum indício de culpa. No caso que sua memória registrou, o ladrão de galinhas foi agredido até a morte. Tudo em nome da justiça de que vocês reputavam ser os legítimos representantes.

— Pareceu-me que a organização também tinha outros objetivos, não é verdade?

— Exato. Pouco a pouco, o grupo expandiu sua ação para outras áreas. Passou a explorar os agricultores, exigindo que vendessem a produção de trigo a preços irrisórios, sob duras ameaças de morte. Os que resistiam eram agredidos, tinham familiares sequestrados, e vários foram mortos, impiedosamente. Comprando a matéria-prima a preços ínfimos, o grupo conseguia revendê-la no mercado a bom preço, não também sem coagir, com os mesmos expedientes, vários comerciantes.

— Como foi o meu desencarne?

— Depois de vários anos, a polícia o prendeu. Quando a organização soube da sua prisão, resolveu matá-lo para que você não delatasse os parceiros.

— E como fizeram isso, se eu estava preso?

— Foi fácil. Um dos membros da organização estava infiltrado na polícia e ele mesmo deu cabo do assunto: matou-o, antes de qualquer confissão. Disseram que você havia se matado no cárcere. Desencarnado, durante muitos anos você ficou mergulhado em zonas espirituais densas, ainda vinculado à organização. Entretanto, cansado de tanto sofrimento, pouco a pouco foi demonstrando arrependimento, o que facilitou nossa atuação.

Seu recolhimento na Estância da Regeneração deu-se graças ao abnegado esforço de alguém que o ama muito.
— De quem se trata?
— Sua esposa, Ana. Espírito nobre, sua companheira de muitas jornadas. Aqui em nossa colônia, depois de tempos de preparação, vocês dois reencarnaram. Ana não necessitava de uma nova reencarnação. Contudo, seu coração sublime renunciou ao direito de fixar moradia em regiões espirituais superiores, preferindo estar no trabalho de soerguimento espiritual de seus entes queridos.
— Por que então desencarnei tão cedo? Por qual motivo fui vítima de um homicídio até hoje inexplicado? Foi para pagar o meu carma?
— Meu caro Abel, não simplifique demais a sabedoria divina. A finalidade da reencarnação não é o sofrimento. Ninguém vem ao mundo para sofrer. Deus quer a nossa alegria e a nossa felicidade. Reencarnamos para evoluir, crescer, aprender novas coisas, desenvolver nossos potenciais. No seu caso, você tinha uma visão de vida equivocada. Achava que tudo deveria ser resolvido do seu jeito, segundo seus nem sempre acertados critérios. Era preconceituoso, acreditando que só os ricos eram bons. Para os pobres, a exploração e a miséria. Se eles não agissem corretamente, deveriam ser punidos de maneira exemplar, exatamente para manter a separação que só existia no seu estreito modo de ver a vida.
— Foi por isso que nasci em extrema pobreza?
— Por certo. Não, porém, por castigo, mas para que você retirasse dessa experiência a ideia de que o homem tem o mesmo

valor, independentemente da fortuna que tem ou que deixa de ter. Além do mais, você precisava daquela experiência para desenvolver potenciais que estavam adormecidos. Como suas últimas experiências reencarnatórias se deram em situações de nenhuma dificuldade econômica, você se acomodou, tornando-se excessivamente mimado. Como se acostumou a ter tudo na mão, não queria trabalhar, estudar, enfim, evoluir. Por isso é que você mesmo pediu para reencarnar em precárias condições econômicas, a fim de que despertasse para a conquista de novas aquisições morais. O homem nasce na favela não porque Deus assim o quer, mas para que ele se esforce, seja criativo, busque novas maneiras de se relacionar com a vida, desenvolva capacidades que ele jamais acredita que possui, melhorando por dentro e por fora. É a Lei da Evolução.

— E por que desencarnei? Diga-me logo, por favor!

— *Desencarnou porque não cumpriu com seus objetivos reencarnatórios. Em vez de trabalhar, de buscar novas maneiras de progredir, você preferiu a queixa, a reclamação. Achava que estava sendo punido por Deus. Não foram suficientes as ponderações da esposa dedicada que lhe pedia paciência, trabalho honesto e confiança em Deus.*

— É verdade. Ana sempre me aconselhou a mudar de vida.

— *Mas você não a escutou. Preferiu aceitar o convite de pessoas envolvidas com o tráfico de drogas para ser mais um distribuidor de ilusões. "É muito melhor ganhar dinheiro vendendo cocaína do que ter de pegar duro no batente", pensava você. Mais uma vez caiu no comodismo, na exploração da vida alheia, pouco se importando com os outros. Um dia, porém,* alguém desejou invadir seu território para também vender entorpecentes. Você está lembrado?

— Sim, é claro que me lembro. Como poderia me esquecer desse triste episódio da minha vida? Jamais pensei que tivesse de me lembrar disso. É muito duro me defrontar com essas lembranças.

— E o que ocorreu com aquele irmão?

— Era alguém vinculado a um outro traficante. Seu apelido era Tunico. Eu o coloquei para correr, pois precisava defender a minha área, senão ia me ver com o líder do meu grupo. Como ele insistia em invadir meu território, não atendendo às minhas ameaças verbais, resolvi tomar medidas mais sérias. Descobri onde ele morava, soube que tinha mulher. Eu e mais um do meu grupo fomos à casa do Tunico e estupramos sua companheira. Demos o recado de que era só o começo, que ele deixasse o nosso ponto, senão iria acontecer coisa pior. Vocês não sabem como é duro relembrar essas coisas... Minha consciência me acusa severamente.

— Pois bem, Abel, o Tunico ficou revoltado com o que fizeram com sua mulher. Resolveu que iria se vingar e preparou-se para isso. Seguiu seus passos, descobriu seus horários, seu itinerário, e um determinado dia o esperou, de tocaia, num beco escuro, surpreendendo-o com três tiros mortais. Tunico é o ladrão de galinhas que você, com seu grupo, em vida passada, agrediu até a morte.

Abel não conseguiu conter o choro. Por alguns minutos, as lágrimas não pararam de rolar pelo rosto desesperado. Sentia-se um verdadeiro fracassado. Sálvio dirigiu-lhe palavras de esperança e carinho, dizendo que estavam ali para aprender e programar novos caminhos, e não para colocá-lo no banco dos réus. Abel ainda teve forças para lançar a última pergunta:

— E meu filho Mário, o que ele tem a ver com isso?

— Tudo a ver. Em seus registros hoje pesquisados, você notou que a organização criminosa de outrora era chefiada por dois líderes, não é mesmo?

— Sim, é verdade, eu já disse isso. Eu era um deles. E Mário?

— Era o outro. O outro que agora está reencarnado como delegado de polícia, a fim de fazer justiça com ética, com respeito ao próximo e, sobretudo, com amor. Até o momento ele vem se saindo bem, mas ainda terá de enfrentar outros desafios mais graves.

O irmão André deu por encerrado o diálogo. Recomendou que Abel meditasse profundamente sobre as lições recebidas, entregando-se ao trabalho constante da própria melhora, pois só assim o homem poderá ser realmente feliz. O homem é herdeiro de si mesmo, colherá sempre o que plantar e somente aquilo que semear. Não podemos nos enganar, pois cada um traz em si mesmo o caminho da paz ou do ódio, da luz ou das trevas, do amor ou do sofrimento. Tudo o que fazemos aos outros, fazemos antes a nós mesmos. Tudo está em nós, tudo depende de nós.

"Gosto que haja dificuldades em minha vida.
Pois quero e espero superá-las.
Sem obstáculos, não haveria nem esforço,
nem luta. E a vida seria insípida."

KHALIL GIBRAN

Voltamos à delegacia de polícia onde Mário dirige o plantão noturno. Aparentemente, tudo estava calmo, nenhuma ocorrência grave alterava a rotina de trabalho na repartição. Passadas algumas horas, porém, um telefonema vindo do hospital municipal deixou Mário preocupado. O escrivão Edgar reportou-se ao delegado, apreensivo:

– Doutor Mário, ligaram do hospital e pedem a nossa presença imediata.

– Mas do que se trata? – indagou o delegado.

– Não sabemos ao certo. A pessoa que ligou falou muito rapidamente. Disse apenas que a doutora Lúcia estava em apuros.

– Quem é a doutora Lúcia?

– É a médica que atende no pronto-socorro.

– Então vamos para lá, imediatamente. Chame reforço da polícia militar.

Em poucos minutos, duas viaturas chegaram ao hospital, e não foram bem-recebidas. Dois homens fortemente armados que estavam na porta do pronto-socorro, ao perceber a chegada da polícia, agitaram-se e dispararam vários tiros contra os policiais. No interior do pronto-socorro, um menor infrator, com grave ferimento na perna, estava sendo atendido por Lúcia, enquanto seus comparsas davam-lhe cobertura. Intenso tiroteio se formou e um dos policiais foi atingido no peito. Com isso, os infratores conseguiram tempo para fugir em companhia do menor. O policial ferido foi conduzido ao pronto-socorro e levado às pressas à mesa de cirurgia, enquanto uma viatura saiu em perseguição dos criminosos. Mário pediu ao escrivão Edgar que o levasse à presença de Lúcia. Já na sala do pronto atendimento, o escrivão fez as apresentações:

— Doutor Mário, essa é a nossa médica. Doutora Lúcia, eis o nosso delegado, doutor Mário.

Os dois jovens se olharam demoradamente, com a impressão de que já eram velhos conhecidos, embora não soubessem de onde. Uma estranha emoção tomou conta do ar. Mário sentiu-se diferente perto daquela bela mulher. Por sua vez, Lúcia também admirou a beleza do jovem delegado. O silêncio que se estabeleceu só foi cortado pela intervenção do escrivão Edgar:

— Bem, doutora, o que foi que aconteceu?

— Ah, sim – falou a médica, recompondo-se da inexplicável emoção que a dominara –, eu estava atendendo no plantão e inesperadamente dois homens armados entraram na minha sala, mandando que eu socorresse um menor ferido à bala. Diante das ameaças, atendi o rapaz, que aparentava uns dezesseis anos e tinha um ferimento na perna esquerda. Fiquei com muito medo, pois seu aspecto físico era grotesco, apesar da pouca idade. Sua fisionomia me lembrava uma cobra...

– Deve ser o Pitu – falou Edgar.

– Quem é esse Pitu? – perguntou Mário.

– É um menor que vem dando muitos problemas em nossa região. Ainda não tem dezoito anos, mas age como um criminoso adulto. Costuma assaltar residências e dizem estar envolvido com o tráfico de drogas. Muitos dizem que ele já matou mais de vinte pessoas. A população está muito assustada com seus crimes. Todos têm muito medo dele.

– E a polícia nunca o pegou? – indagou o delegado.

– Sim, algumas vezes. Ele é encaminhado à casa de recuperação de menores, contudo consegue fugir em poucos dias.

– Isso não pode continuar desse jeito. Esse garoto ainda vai acertar as contas com a Justiça – falou o delegado, cheio de confiança.

– Só sei que estou com muito medo. Eu fiz um curativo, porém pude perceber que a bala ainda estava alojada na perna. Cheguei a dizer isso, mas ele colocou um revólver na minha cabeça e mandou que eu fizesse o curativo o mais depressa possível. Fiz o que ele pediu, entretanto não deu tempo de tirar a bala. Durante o curativo, ele me olhava com muito ódio, parecia estar drogado... – disse Lúcia.

— Fique tranquila, doutora. Qualquer problema, pode me procurar. Estarei à sua disposição.
— Muito obrigada, doutor Mário. Não hesitarei em procurá-lo.

Horas depois, nas dependências da delegacia, os policiais que haviam saído à procura do menor retornaram com um indivíduo preso. O tenente Carlos apresentou-se ao delegado:

— Doutor, conseguimos prender um dos que participaram da ação no pronto-socorro. Ele está ferido e não teve como escapar da nossa perseguição. Os outros dois fugiram pelo meio do mato.

— Levem-no ao hospital para ser atendido e mantenham toda a vigilância possível. Depois terei uma conversinha com ele...

Algumas horas mais tarde, os policiais retornaram com o preso. Fizeram-lhe um curativo no hospital, nada de mais grave. Levado à presença do delegado, submeteu-se a um ligeiro interrogatório:

— Qual o seu nome?
— Girico...
— Eu perguntei o nome, não o apelido!
— Genivaldo.
— Nome completo!
— Genivaldo da Silva.
— Quantos anos tem?
— Dezenove.
— Onde mora? Onde trabalha?

— Não tenho endereço certo. Trabalho não tenho; faço uns bicos.
— Estuda?
— Não. Só sei escrever meu nome.
— E o seu amigo Pitu?
— Não falo nada sobre isso. É acho bom não mexerem com ele. Se o senhor gosta de viver, deixe o Pitu sossegado.
— Eu só ficarei sossegado no dia em que colocar as mãos sobre ele — afirmou o delegado, demonstrando não estar preocupado com as ameaças feitas por Genivaldo. — Lavre o flagrante deste aqui, Edgar. E em breve vamos acertar as contas com o Pitu. Ele não perde por esperar.

Ao término do cansativo plantão, Mário voltou para casa, exausto. Sentia-se envolvido com o caso do menor e não via a hora de prendê-lo, colocar um ponto final em seus crimes, dar paz à população. Ao deitar, nosso delegado também não conseguia desligar-se de uma outra pessoa: Lúcia, a linda médica do pronto-socorro. "Que mulher cativante!", pensava consigo mesmo. "Quem sabe possa conhecê-la melhor", pensou, segundos antes de cair em sono profundo.

"Os mortos são apenas invisíveis,
mas não ausentes."

LEONARDO BOFF

Dois dias depois, Mário estava de volta à delegacia. Logo ao chegar, o escrivão Edgar lhe transmitiu um recado de Lúcia.

— Doutor Mário, a médica do pronto-socorro deseja lhe falar com urgência.

— Aconteceu algo? — perguntou o delegado.

— Ela não disse, mas pude perceber que estava bastante aflita.

— Vou ver o que ela deseja.

Em breves minutos, após se inteirar dos fatos ocorridos no plantão passado, Mário ligou para o hospital:

— É a doutora Lúcia?

— Sim. Quem fala?

— É o doutor Mário, o delegado. Recebi o seu recado. Algum problema?

— Acho que sim, doutor. Tenho recebido alguns telefonemas anônimos e isso tem me preocupado...

— Acho melhor conversarmos pessoalmente.

— Também acho. E deve ser logo.

— É claro. Por acaso a doutora se importaria de jantarmos esta noite?

— Bem, eu não esperava uma intimação desse tipo!

— Eu não quis constrangê-la...

— Só fiz uma pequena brincadeira. Eu aceito seu convite.

— Pois bem, termino o plantão às oito da noite. Assim que sair posso apanhá-la no hospital. Está bem?

— Combinado. Até mais tarde.

— Até logo, doutora Lúcia...

Mário desligou o telefone e já se sentiu ansioso para o encontro de logo mais. Poderia conhecer melhor a formosa doutora, aquela bela mulher com quem havia sonhado a noite inteira. Ao mesmo tempo, pensava nas ameaças que ela dizia estar recebendo. Teriam alguma relação com Pitu? Era melhor aguardar.

Retomando suas atividades, Mário examinou diversos inquéritos de autoria desconhecida e determinou a realização de várias diligências para a elucidação dos fatos. Era grande a quantidade de casos em que se tinha notícia do crime, mas se desconhecia a figura do autor da infração. Ele examinava detidamente cada caso e tomava as providências possíveis para que os autores fossem descobertos. Um dos inquéritos verificados era do recente homicídio de

Karina Galdino, falecida aos vinte e dois anos de idade. Ela foi encontrada morta nas escadarias da igreja matriz, com várias facadas pelo corpo. Moça recatada, todos a queriam muito bem, e o crime abalou a cidade. Karina perdeu a mãe aos doze anos e o pai assumiu, por completo, a educação da única filha. Ela estava prestes a se casar com Tadeu; foi morta uma semana antes da cerimônia. O noivo trabalhava no Rio de Janeiro, para onde o casal se mudaria depois do enlace. Examinando o inquérito, Mário constatou que nenhuma testemunha presenciou o momento do crime. O corpo foi encontrado por duas religiosas que chegaram à igreja bem cedo, todavia elas nada viram a respeito do assassinato. As suspeitas se inclinaram para um antigo namorado da vítima, Renato, insatisfeito com o casamento daquela que era a mulher da sua vida. Era o que insinuava Paulo, pai de Karina. No entanto, Renato não estava na cidade na noite do crime. Seus pais comprovaram que ele estava na Europa, a serviço da empresa para a qual trabalhava. Era um mistério. Enquanto meditava sobre o caso, pedindo aos céus para que o ajudassem a desvendar o crime, Mário recebeu uma estranha visita.

  Sentiu uma angústia tomar conta de seu coração, uma aflição inexplicável, alguém que se aproximava em desespero, porém nada viu ao seu redor. Na verdade, apenas seus olhos não registraram a presença de Karina, que ao seu lado se encontrava com o corpo denunciando o brutal crime de que fora vítima. Ela chorava e Mário se emocionou. Ela pedia justiça e Mário prometeu a si mesmo que desvendaria aquele mistério. Era como se ele respondesse aos anseios de Karina. Percebendo as dificuldades na investigação, ela disse ao delegado, murmurando:

"A roupa, a roupa..."

Mário interpretou a fala como uma ideia. Examinou os autos do inquérito para verificar se as roupas da vítima haviam sido periciadas. E constatou que não.

– Mas como?! Não examinaram as roupas que ela usava no momento do crime! Eu preciso ver isso de perto.

Ele correu para o Instituto de Criminalística e pessoalmente pediu para verificar as vestimentas de Karina. O funcionário lhe trouxe um saco onde os objetos pessoais haviam sido guardados. Havia muitos vestígios de sangue. Mas, revistando o bolso da calça, ele encontrou um pedaço de papel com alguns dizeres. Com certa dificuldade, pôde perceber que era uma declaração de amor, sem identificação do declarante. Mas não poderia ser do noivo de Karina: a carta pedia que ela não se casasse, pois algo de muito ruim poderia ocorrer. Poderia ter sido escrita por Renato? Era possível, pois ele ainda gostava da Karina. Era preciso examinar aquela carta com todo o cuidado.

De volta à delegacia, Mário surpreendeu-se com a presença do pai da vítima. Ele queria falar com o delegado, pedir providências para o caso de sua filha, insistindo que Renato era o culpado. Mário resolveu tomar o depoimento dele: chamou o escrivão, que transcrevia para o papel as perguntas do delegado e as respostas da testemunha:

– Senhor Paulo, por que razão acredita que Renato seja o culpado?

— Ah, seu delegado, aquele moço era vidrado na minha filha. Eles namoraram por dois anos, mas Karina desmanchou porque ele era muito violento. Renato não se conformava com o rompimento, principalmente porque minha filha se apaixonou por outro homem, o Tadeu.

— E o senhor presenciou alguma cena de violência entre os dois?

— Pessoalmente, não. Contudo, cheguei a ler algumas cartas que ele mandou à minha filha e comprovei que é um homem violento.

— Cartas?

— Sim, no começo mandava cartas de amor; entretanto, depois que minha filha desmanchou o namoro, ele escrevia prometendo vingança, principalmente quando soube que ela iria casar com o Tadeu. Eu confesso que tinha medo dele.

— E o senhor tem alguma dessas cartas?

— Não, pois minha filha queimava todas as correspondências recebidas.

— Está bem, senhor Paulo, estamos investigando o caso e tomaremos todas as medidas para achar o culpado.

— Prendam o Renato, doutor. Ele é o culpado. Minha filha não descansará em paz enquanto ele não for preso...

— Descobriremos a verdade. Eu prometo para o senhor. Agora, por favor, assine seu depoimento e deixe o resto conosco.

Depois que o pai de Karina deixou a delegacia, Mário voltou a examinar o teor do depoimento tomado e um detalhe chamou a sua atenção: a assinatura de Paulo. A letra era muito parecida com aquela do bilhete encontrado no bolso de Karina. "Não é possível", pensava o delegado. Resolveu, porém, tirar a dúvida. Chamou o escrivão e pediu-lhe um favor:

— Edgar, preciso de sua ajuda. Estou precisando de material de escritório. Quero que a compra seja feita na papelaria do senhor Paulo. Traga-me folhas de sulfite, canetas, lápis e um caderno. Não diga que é para mim. E peça nota fiscal discriminada, de preferência emitida por ele.

— Pois não, doutor. Vou mandar um funcionário novo fazer a compra. Só acho que o senhor está preparando alguma coisa...

— Vamos ver, Edgar. Torça para que eu esteja errado.

Meia hora depois, o funcionário voltou com o material. Contudo, o que Mário desejava era ver a nota fiscal emitida pelo pai de Karina. Para seu espanto, a letra era mesmo muito semelhante à do bilhete. Chamados os especialistas em escrita, todos foram unânimes em atestar a semelhança da grafia. Mário relatou os fatos ao juiz criminal e pediu autorização para realizar uma busca na casa de Paulo. Concedida a autorização, Mário e cinco policiais se dirigiram à residência do pai de Karina.

— Boa tarde, senhor Paulo.

— Boa tarde, doutor. O que fazem aqui?

— Gostaríamos de entrar. O senhor nos permite?

— Não, a minha casa é inviolável. Já dei todas as explicações à polícia e agora tratem os senhores de prender o criminoso.

— Mas estamos aqui exatamente para isso. Temos autorização do juiz para entrarmos em sua residência. É melhor o senhor facilitar as coisas...

Os policiais entraram e após alguns minutos de revista encontraram uma faca com vestígios de sangue. Uma camisa também foi encontrada com manchas semelhantes. Novas cartas foram achadas com a mesma letra, e em todas o pai lamentava o casamento da filha, prometendo acabar com o sonho. Acuado e sem saída, Paulo confessou o crime, cometido em nome de um suposto amor que tinha por sua filha. Ele não queria que ela se entregasse a outro. Ele queria ser o homem de sua vida. Por isso a matou. Na verdade, Paulo tinha sérios desequilíbrios mentais, mas nem por isso deixou de ser preso e apresentado ao juiz para que fosse julgado. Mário havia cumprido sua tarefa e estava satisfeito com o trabalho realizado.

Com a prisão do genitor, Karina sentiu-se aliviada. Ainda na delegacia, Sálvio dirigiu-lhe a palavra amorosamente:

— Filha, seu objetivo foi cumprido. *Penso que agora você deve seguir seu caminho.*

— Não posso. Quero ver meu pai detrás das grades.

— *Deixe isso com a Justiça, minha filha. Ninguém é feliz com desejos de vingança. Seu pai responderá pelos atos cometidos, sem precisar de ter concurso vingativo. Agora você tem de cuidar de si. Veja seu estado lamentável. Até quando ficará assim?*

— É verdade, estou sofrendo muito. Sinto muitas dores no corpo, o sangue ainda escorre pelos ferimentos. Tenho sede, fome, preciso de ajuda.

Nesse instante, uma luz de muita intensidade e beleza surgiu no ambiente espiritual da delegacia. Karina sentiu-se atraída por aquele fenômeno de rara formosura. Pouco a pouco, uma senhora se fez presente no ambiente, para comoção de Karina:

— Mamãe, mamãe, é a senhora?

— Sim, filha, sou eu.

— Por que me abandonou, mãe?

— Nunca a deixei, minha filha. Nunca estive longe de você; mesmo no momento de seu doloroso desprendimento físico, eu estava por perto.

— E por que não a vi?

— Ainda não estava em condições. Você estava muito revoltada e passou a alimentar o desejo de se vingar de Paulo. Eu bem que tentei afastar esses propósitos de seu caminho, mas você não me deu ouvidos.

— Mas eu consegui que ele fosse preso.

— Sim, porém isso ocorreria de qualquer forma. Mas permitimos que você se aproximasse do delegado e o inspirasse a descobrir a verdade dos fatos. Agora que seu pai está preso, filha, vamos seguir nosso caminho. Venha comigo para que eu possa cuidar de você.

Karina se entregou aos braços da mãe, como nos tempos de criança, adormecendo logo em seguida. Antes de ir embora, a genitora dirigiu-se a Sálvio:

– Meu amigo, obrigada pela ajuda. Vibrarei para que Mário seja muito feliz. Se precisar, conte comigo.

– Nada a agradecer, minha irmã. Nós nos sentimos muito felizes em poder ajudar sua filha. Desejamos que ela se recupere, e conte conosco no amparo que também dispensaremos ao nosso irmão Paulo.

– Jesus o abençoe, Sálvio.

"Não importa o que você realize ou adquira na vida, isso não poderá substituir sua necessidade básica de amor."

JOHN GRAY

Já passava das oito horas e Mário estava atrasado para seu compromisso. Lúcia estava impaciente com a demora do delegado:

— O que esse delegado está pensando? Já estou esperando há quase uma hora e ele nem deu notícias. Acho melhor não esperar mais...

Enquanto se aprontava para ir embora, Mário chegou ao hospital:

— Será que aqui tem alguma médica que atende pacientes atrasados? – perguntou, dirigindo-se a Lúcia.

— Bem, acho seu caso incurável...

Os dois acabaram rindo das mútuas ironias e em poucos minutos ganharam a avenida que os conduziria ao restaurante. Mário escolheu um local bem agradável para o encontro, e os dois estavam bastante à vontade para a conversa que precisariam ter. Já sentados à mesa, a música ambiente dava um tom muito romântico ao local. Os dois trocavam olhares silenciosos e Mário não se cansava de admirar a beleza de sua acompanhante. Lúcia, por sua vez, sentia-se muito bem ao lado de Mário, alguém que lhe despertava ternura; seu olhar de menino era o que mais apreciava nele. Vamos ver o que conversavam:

– Sua profissão me parece muito perigosa – disse a médica.

– É verdade, doutora Lúcia...

– Por favor, apenas Lúcia.

– Está bem, então você também tira o doutor.

– Está combinado, Mário.

– Bem, eu ia lhe dizer que o delegado enfrenta muitos perigos, está a todo momento lidando com a violência. Contudo, eu gosto muito do que faço. Desde pequeno queria trabalhar na polícia. E você? Gosta da sua profissão?

– Adoro; a medicina é a minha paixão. Também desde menina queria ser médica, embora minha família desejasse outra coisa.

– O que eles queriam?

– Não gostaria de conversar sobre isso. Quem sabe um outro dia...

– Está bem, mudemos de assunto.

Enquanto jantavam, os dois trocaram diversas impressões sobre a carreira deles, contando alguns casos pitorescos, tudo num clima descontraído e alegre. Após a sobremesa, Mário perguntou a respeito das ameaças que Lúcia estava recebendo:

— Continua recebendo os telefonemas anônimos?
— Ainda hoje recebi mais um.
— Falam alguma coisa específica?
— Que eu não deveria ter feito o que fiz...
— E o que fez?
— Não sei bem do que falam, mas acredito que está relacionado com aqueles criminosos que apareceram no hospital.
— Mas você não os atendeu?
— Sim, porém dei ordens a uma funcionária para avisar a polícia. E eles perceberam... A pessoa diz que eu devo acabar o serviço, senão vão me matar.
— E você imagina de quem se trata?
— A pessoa parece estar com muita dor. Por isso acredito que é aquele menor que ainda está com a bala na perna. Deve estar doendo muito. E eu estou com muito medo.
— Vamos resolver isso. Confie em mim. Estarei ao seu lado para protegê-la. Vou pedir ao juiz autorização para grampear o seu telefone, a fim de tentar identificar o aparelho de onde são feitas as ligações. Com isso poderemos chegar ao autor das ameaças. Amanhã mesmo farei isso. Procure alterar seus caminhos, troque o horário de seus plantões, enfim, mude a sua rotina.
— Eu agradeço por sua atenção, Mário. Eu me sinto segura ao seu lado.
— Estarei sempre por perto. Eu preciso colocar um ponto final nos desmandos desse menor. Ele vem atemori-

zando a população, e isso não pode continuar. Minha função é dar segurança à população. Sou pago para isso.

— Eu admiro suas convicções, Mário. A população precisa de policiais com essa mentalidade. Agora já está tarde, preciso ir embora, pois amanhã tenho uma pequena cirurgia logo cedo.

— Permitiria que eu a levasse até sua residência?

— Como poderia dispensar sua agradável companhia?

— Eu fico satisfeito com isso. Então vamos.

Em meia hora, Lúcia estava na porta de sua casa, despedindo-se.

— Eu agradeço pela carona. Foi uma noite muito agradável.

— Foi inesquecível, Lúcia. Sinto-me tão bem ao seu lado que...

— É melhor descansarmos, Mário. Amanhã voltamos a conversar.

— Até amanhã, Lúcia.

Os olhares novamente se cruzaram. Temiam que as palavras não expressassem o que estavam sentindo. Algo diferente estava ocorrendo. O que seria?

"Parece-me fácil viver sem ódio,
coisa que nunca tive, mas viver
sem amor acho impossível."

Jorge Luis Borges

No dia seguinte, logo pela manhã, Mário tomou as providências para a instalação de uma escuta telefônica no aparelho em que Lúcia costumava receber as ligações. E o menor voltou a ligar:

– É a doutora?
– Aqui é a doutora Lúcia. Quem fala?
– Sou eu...
– Eu quem?
– O demo...
– Fique sabendo que eu não tenho medo de demônios...
– Não tem porque a doutora não me conhece...
– Acho que o conheço. Sei bem quem é você.
– Então você gostou de mim?
– Nem um pouco, garoto. Diga-me: o que quer?
– Quero você...

— Que ideia maluca! Afaste-se de mim senão será pior para você!

— Nem morto, doutora, nem morto.

— O que você quer de mim? Diga-me de uma vez por todas!

— Para começar, eu preciso que tire essa coisa da minha perna. Depois tenho outros planos para a doutora...

— Que planos?

— Você vai saber. "Tô" precisando de um doutor no bando. E você é muito formosa...

— Jamais me curvarei aos seus desejos, seu monstro. Suma da minha vida!

Profundamente nervosa, Lúcia desligou o telefone e pôs-se a chorar, amedrontada. Seus colegas de trabalho procuraram acalmá-la, recomendando que pedisse transferência de hospital. Em poucos minutos, Mário chegou para conversar com a médica:

Bom dia, Lúcia. Tudo bem com você?

— Nada bem; aquele bandido ligou novamente. Quero que ele morra, aquele desgraçado...

— Eu escutei a ligação e já mandei meus policiais averiguarem de que local foi feita. Temos de ter um pouco de paciência para prender esse bandido. Não há outra saída.

— É isso que me assusta. Estou na mão de um esquizofrênico. Se pudesse, o mataria agora mesmo.

— Calma, Lúcia. Isso não resolve o problema.

Enquanto conversavam, a enfermeira pediu licença para informar que um novo chamado telefônico aguardava pela doutora.

— É ele outra vez. Não vou atender.

— Atenda, por favor – pediu o delegado. – Precisamos ganhar tempo para identificar de que local ele vem falando, a fim de que possamos prendê-lo. Por favor, Lúcia, converse com ele.

— Está bem, se é para prender esse criminoso...

Logo em seguida, a médica dirigiu-se ao gabinete em companhia do delegado e atendeu a ligação:

— Alô? Quem fala?

— Sou eu, doutora. O demo...

— Já disse que não tenho medo de você. O que deseja?

— Venha me encontrar...

— Você está louco?

— Louco por você...

— Afaste-se de mim, já lhe disse!

Aflita, Lúcia desligou o telefone e pôs-se novamente a chorar:

— Eu não aguento mais isso...

— Calma, Lúcia, nosso plano está dando certo. Em breve vamos prender esse menor. Voltarei à delegacia para inteirar-me das informações da companhia telefônica a respeito do aparelho que fez essas ligações. Essa segunda ligação vai ajudar muito. Ainda hoje volto a falar com você. Agora quero que se acalme e não atenda novas ligações. Mande dizer que não está.

— Está bem, Mário, seguirei seus conselhos. Só estou fazendo isso porque você está por perto.

— Sinto que jamais gostaria de me afastar de você, Lúcia. Você é muito especial.

– Você também, Mário. Sinto-me segura ao seu lado.
– Pode confiar em mim. Tudo vai acabar bem.
– Eu espero.
– Mais tarde voltaremos a conversar. Até mais.
– Estarei esperando por você.

Sálvio e Abel acompanharam o desenrolar dos fatos. Os dois se esforçaram para transmitir a Lúcia energias calmantes, a fim de que ela se equilibrasse diante do ameaçador episódio. Abel, todavia, lançou algumas questões ao mentor Sálvio:

– *Meu amigo, como isso vai acabar? Meu filho corre algum perigo?*

– *Posso lhe dizer, Abel, que essa prova estava programada na vida de nosso Mário. Recorde-se de que ele incidiu nos mesmos erros que você caiu na derradeira encarnação. Ele agora está diante da mesma cena: defronta-se com alguém que desafia a lei e a Justiça. No passado, Mário vacilou e arvorou-se em justiceiro, ignorando a lei, a moral e os princípios de respeito ao próximo. Agora vamos ver como ele se sai. Tudo é possível. Não sabemos como ele vai se comportar. O homem pensa que o destino é a predeterminação de tudo o que lhe vai ocorrer na existência. Ledo engano. Ignora-se que o homem sempre terá o livre-arbítrio de se comportar dessa ou daquela maneira diante das ocorrências da vida. O homem apenas programa para si o que é necessário ao seu aprendizado, à sua evolução. Ao reencarnar, sabe que deverá passar por algumas experiências que buscam aferir seu progresso evolutivo. É como se fosse um currículo escolar. Ao examiná-lo, o aluno sabe que terá lições de* matemática, história, geografia, etc. Mas como ele se sairá nessas disciplinas dependerá de seu empenho e sua aplicação. O destino poderia ser comparado ao currículo, ou seja, a soma das lições a que o homem deverá se submeter. Apenas isso. Agora, como o homem vai se comportar diante das lições na escola da vida é questão de seu livre-arbítrio. E nada disso está escrito. Depende do homem.

– E Lúcia?

– Está na mesma situação. Seu envolvimento também decorre da necessidade de avaliar sua violência interior. Você já notou que ela alimenta sentimentos de ódio e vingança. Vamos vibrar para que eles sejam aprovados nessa experiência.

– Eu espero que eles não repitam os meus erros.

– Vamos prestar a nossa colaboração e confiar que o melhor se faça em benefício de todos.

"Viver no amor é o maior desafio da vida."

Leo Buscaglia

No final da tarde, Mário voltou a encontrar Lúcia no hospital. Ela ainda demonstrava profundo abatimento; no entanto, seu semblante ganhou novo aspecto ao rever o jovem delegado. Enquanto ele a cumprimentava, Lúcia perguntava para si mesma que poder tinha aquele homem para lhe devolver a paz, a segurança e o bem-estar. Era como se ela não quisesse se afastar dele por mais nenhum segundo. Talvez isso ocorresse porque Mário era delegado, a pessoa indicada para lhe dar segurança nessa hora em que se sentia ameaçada. Mas não era só isso. Sentia-se atraída por ele, um homem diferente, inteligente, educado e sedutor. Quem sabe deveria admitir que estava apaixonada por ele. Quem sabe...

— Passou bem o dia? — perguntou Mário, atencioso.

— Estou muito nervosa; você deve imaginar. Mas com você aqui por perto eu fico melhor.

— Gosto de saber que a minha presença lhe fez bem.
— Eu confesso que sim.

Os dois trocaram olhares apaixonados, entretanto ninguém ousou dizer nenhuma palavra. Apenas se olhavam como duas almas entrelaçadas por sentimentos sublimes. Inevitavelmente, Mário tinha de tocar num assunto delicado:

— Recebemos informações da companhia telefônica que em nada nos ajudam.

— Que informações?

— Todas as ligações do menor foram feitas de aparelhos públicos e em locais diferentes. Ele jamais repetiu a ligação de um mesmo aparelho.

— Esses locais eram próximos uns dos outros?

— Infelizmente, não. As ligações vieram de vários locais. Até de outra cidade ele já ligou. Isso dificulta os nossos planos, pois não temos como localizá-lo. Esse garoto é muito esperto.

— Eu diria que é muito perigoso — completou a médica.

— É verdade, por isso temos de alterar nossa estratégia.

— O que faremos?

— Penso em atrai-lo para uma emboscada.

— Mas como? – perguntou Lúcia.

— Armaremos uma cilada. Ele está com muita dor, não é verdade?

— Tudo indica que sim.

— No próximo telefonema, você dirá que poderá atendê-lo no local que ele indicar. Em troca, você exigirá que ele a deixe em paz. Na verdade, nós estaremos juntos com você e efetuaremos a prisão.

— Mas isso é muito arriscado.

— Concordo. Por isso não quero obrigá-la a nada. Todavia, penso que essa é a única maneira de prendê-lo. Você decide.

— Você estará comigo? — perguntou Lúcia, insegura.

— É claro. Eu jamais a abandonarei.

— Aceito o desafio. Não posso me acovardar diante dessa situação. Farei isso também em nome das pessoas que já foram vítimas desse bandido. Pode armar o plano.

— Muito bem. Na próxima vez em que ele ligar, veja se há alguma chance de sugerir um encontro. Vai ser fácil, porque é isso mesmo o que ele deseja.

— Está combinado. Vamos aguardar nova ligação, e que Deus nos proteja.

Mário ofereceu uma carona para Lúcia, que aceitou o convite prontamente. No caminho, Mário procurou conhecer um pouco mais a mulher que o atraía tanto:

— Você mora sozinha, Lúcia?

— Sim. Foi minha opção.

— E posso saber por quê?

— Depois que mamãe morreu, resolvi deixar minha casa. Não havia mais motivos para que eu ficasse lá.

— E seu pai?

— Nunca me dei bem com ele.

— Mas aconteceu alguma coisa?

— Pior que não. Mas não sei o que acontece, não consigo ficar perto dele. Sua presença me causa repulsa. Sinto um ódio muito grande, mas não tenho explicação. Irrito-me quando ele está por perto. Por isso, depois que minha mãe morreu e como já estava formada, achei melhor morar sozinha. Assim não tenho de brigar com ele.

— Você tem irmãos?

— Não, não tenho. Bem que eu gostaria de ter uma família grande. Nessas horas me sinto muito sozinha.

— E já amou alguém?

— O senhor delegado está abusando do interrogatório! – falou Lúcia em tom de brincadeira.

— Sim, estou. Confesse seus amores – respondeu Mário aproveitando o clima descontraído.

— Nem sob tortura abrirei meu coração, doutor.

Os dois soltaram boas gargalhadas e não puderam esconder o quanto cada um fazia bem ao outro. Na porta da residência de Lúcia, Mário sentiu um forte impulso de beijá-la, mas conteve seus desejos, porque não podia se envolver emocionalmente com alguém que estava sob sua atenção profissional. "Quem sabe um dia, quando tudo acabar", pensava.

— Até amanhã, Lúcia. Em breve colocaremos um ponto final nesse pesadelo. Confie.

— Eu espero que isso acabe logo. Até amanhã, Mário, e obrigada pela companhia.

— Durma bem, Lúcia, nos vemos amanhã.

> "Escapamos da morte quantas vezes for preciso, mas da vida nunca nos livraremos."
>
> CHICO XAVIER

No dia seguinte, logo pela manhã, Mário conversou com o delegado-titular a respeito de seus planos de prender o menor:

— Doutor Hermenegildo, o senhor aprova meu plano?

— É arriscado, Mário. Se a tática não der certo, colocaremos em risco a vida da médica. Você já pensou nisso?

— Não penso em outra coisa, doutor. Por isso gostaria que o senhor conversasse com ela. Fale dos perigos e sinta se ela quer mesmo participar da operação.

— Acho melhor você desistir dessa ideia. Deixe esse menor de lado, um dia ele acabará sendo preso...

— Não podemos ficar indiferentes a essa situação. Esse tal de Pitu vem atemorizando a população. Todo mundo tem medo dele, até a própria polícia. Eu preciso prendê-lo.

— Você ainda é muito novo, rapaz, está vivendo de idealismo. Isso um dia acaba.

— Jamais, doutor Hermenegildo. Enquanto estiver na polícia, jamais perderei o ideal de fazer justiça. O dia em que perder essa motivação, devo procurar outra função.

— Você fala isso porque é jovem e inexperiente. Quando for mais velho, vai aprender a ir empurrando as coisas...

— Respeito o senhor, mas não concordo com suas posições.

— Já que você insiste, vou conversar com a médica.

Meia hora depois, o delegado estava no hospital para o diálogo previsto:

— É a doutora Lúcia?

— Sim, eu mesma.

— Sou o doutor Hermenegildo, delegado-titular da nossa cidade. Estou aqui para conversar com a senhora a respeito das ameaças que vem recebendo.

— O doutor Mário foi afastado do caso? — perguntou a médica, apreensiva.

— Não. Apenas estou querendo avaliar a correção do plano que ele tem para prender o Pitu. Você está ciente dos riscos que corre ao participar desse plano?

— Sim, perfeitamente. Mário me deixou a par de todas as possibilidades.

— E mesmo assim deseja tomar parte dele?

— Estou ciente dos riscos, contudo mesmo assim quero dar a minha participação. Pode ficar tranquilo, doutor.

— Acho melhor a senhora desistir, pois não poderemos garantir sua integridade física. Esse menor é muito perigoso.

— Sei o que estou fazendo.

— Está bem, porém saiba que, se mudar de ideia, é só nos avisar. Sua vida é mais preciosa do que a prisão dessa criatura.

— Mas a prisão dele é necessária para que se preservem outras vidas, doutor.

— À custa da sua? — perguntou o delegado, em tom de ironia.

— Só quero que esse menor seja preso o quanto antes.

— Vamos ver como isso termina.

— Só peço ao senhor que não tire o doutor Mário do caso.

— Não se preocupe; essa encrenca é só dele. Eu estou lavando as minhas mãos. Boa sorte, doutora.

Depois das despedidas, Lúcia voltou a atender seus pacientes. O ritmo no pronto-socorro era bem intenso: médicos e enfermeiros se agitavam para prestar atendimento às emergências que chegavam a todo instante. Eram acidentados, mulheres agredidas por seus maridos, crianças desnutridas, idosos debilitados, alcoólatras, dementes, enfim, doentes de todo o tipo. No plano espiritual, a atividade também era intensa. Uma equipe de trabalhadores prestava valiosa colaboração nos atendimentos. Dois médicos desencarnados amparavam os colegas do plano físico, principalmente no momento do diagnóstico. Um quadro de cinco enfermeiras também prestava auxílio aos pacientes. Carinhosamente, elas transmitiam energias espirituais, ministravam remédios fluídicos e passavam pensamentos de alegria e otimismo. Ainda havia o trabalho da irmã Clara, uma freira muito simpática, que orientava diversos espíritos que acompanhavam os encarnados no hospital. O trabalho era incessante nos dois planos da vida. Dificilmente os encarnados poderiam imaginar a cooperação que o mundo espiritual superior prestava no hospital de urgências. A misericórdia divina jamais deixa o homem ao abandono. Quanto maior a dificuldade, maior o amparo dos emissários celestes. Deus é justiça, mas sobretudo misericórdia.

Ainda no hospital, pudemos acompanhar o atendimento de urgência prestado a Ulisses, vítima de um violento acidente de trânsito, que chegou ao hospital com diversos traumatismos severos. Levado à mesa de cirurgia, os médicos se esforçavam para conter a hemorragia. O quadro era bem delicado. Seu protetor espiritual, Donato, narrou um pouco da história de seu tutelado:

— *Ulisses é um homem sério e bem-sucedido. Engenheiro, trabalha para uma grande construtora na capital de São Paulo. Homem de família, bem-casado e com três filhos. De moral rígida, de todos exige conduta irrepreensível. Não perdoa o menor deslize de seus subordinados ou familiares, apontando o erro cometido com a precisão de um bisturi.*

"Vive preocupado com as faltas alheias, e também com as suas. Não confia no próximo; aliás, nem em si mesmo. Não confia na vida, acreditando que a qualquer hora alguma tragédia vai ocorrer. Aliás, preocupações são o grande problema do nosso engenheiro. Preocupa-se com a família, com os filhos, com o emprego, com a saúde, com a economia, com a bolsa de

valores, com o futebol, etc... Quer, a todo custo, planejar tudo o que ocorre em sua vida; detesta surpresas. Suas férias são planejadas com antecedência mínima de um ano. Mas, quando está em férias, preocupa-se com o trabalho. Não se desliga.

Quando está no trabalho, preocupa-se com a família, com algum filho doente, ainda que seja uma simples gripe. E, quando à noite chega em casa, estando ao lado da família, não consegue se desligar dos problemas do trabalho. Ulisses tem um hábito muito interessante: adora frequentar farmácias e ler bulas de remédios. Basta alguém estar doente para ele logo dar seu receituário. Entretanto, vive doente: ora uma pedra no rim, ora uma gastrite, outra vez a pressão alta. O colesterol está sempre alterado, sem falar na diabete. Consultou vários médicos, conseguindo apenas alívio para seus sintomas, não a cura. E cada vez mais preocupado, tenso, irritado. Assim vive meu protegido."

Os médicos ainda procuravam conter, em vão, a hemorragia de alguns órgãos internos, mas sentiam que talvez não conseguissem salvar o paciente. Enquanto isso, Ulisses sentia-se como que embriagado, com fortes dores pelo corpo. Em dado momento, ele se assustou com o que viu: seu corpo na mesa de cirurgia. Viu o esforço dos médicos e o diálogo que se estabeleceu entre eles no sentido de que poucas eram as chances de salvar sua vida.

Ele ficou aterrorizado com a perspectiva da morte iminente. Pensou na sorte da mulher e dos filhos ainda pequenos. "Quem olhará por eles? E, na empresa, quem se preocupará com os projetos minuciosamente examinados e conferidos? Quem será capaz de se preocupar com os meus negócios, investimentos?", enfim, perguntava-se quem seria capaz de se preocupar com tudo o que ele cuidava.

Sentindo-se cada vez mais distante da vida e próximo de uma realidade que jamais havia cogitado, Ulisses chorava copiosamente e clamava por Deus. Sim, Deus. Mas indagava-se se Deus seria capaz de ouvi-lo. Afinal, havia quanto tempo não se lembrava de Deus? Talvez desde a primeira comunhão. Após vários minutos de um choro misturado com desespero, ele sentiu a aproximação de um ser desconhecido. Tratava-se de Donato, seu protetor espiritual, que lhe falava em tom paternal, pedindo que tivesse calma.

— Mas como? — indagava Ulisses. — Como posso ter calma vendo a morte chegar? Meu corpo está lá na mesa de cirurgia e o senhor me pede calma?

Como, porém, sentia algo de bom naquele homem, resolveu pedir ajuda. Solicitou a ele que possibilitasse um jeito de voltar ao corpo, de voltar à vida, de não morrer.

— Você quis vir para cá antes da hora e agora deseja regressar à experiência física?

— Eu jamais desejei passar o que estou enfrentando.

— Querido filho, você sempre esteve muito preocupado. Sempre temeu doenças, acidentes, desemprego, tragédias, catástrofes. O que acha que poderia acabar acontecendo com você? Olhe, filho meu, veja o seu corpo lá na mesa cirúrgica, o esforço dos médicos tentando salvar a sua vida, essa mesma vida que você tantas vezes desprezou.

— Mas como desprezei? — gritou Ulisses, agoniado.

— Sim, meu amigo, desprezou valiosos patrimônios colocados à sua disposição. Nasceu em uma família que nunca experimentou dificuldades econômicas. Teve escola e boa educação no lar. Com os estudos desenvolvidos, obteve ótimo emprego. Casou-se com uma companheira alegre e devotada, e foram colocados em seu lar três espíritos queridos que enfeitam sua casa de amor e ternura. Sempre desfrutou de boa saúde, sem doenças graves, apesar de todos os seus temores infundados. Mas, apesar de tudo, você elegeu a preocupação como forma de viver. Todavia, não viveu, porque quem se preocupa além da conta como você perde infinitas possibilidades na vida. Você nunca está por inteiro nas suas atividades, pois a mente vive deslocada para outras situações imaginárias, cujos perigos só existem na sua cabeça. A preocupação que você elegeu como forma de viver tornou-se a sua forma de morrer. Vivia com medo de tudo, isolava-se das pessoas, dos amigos e dos próprios familiares. Sempre temia pelo pior, tinha medo de viver, tinha medo da própria felicidade. Implicava constantemente com os outros, inflexível em suas posições. Esse seu modo de viver atraiu para si exatamente o que você temia: uma tragédia, um violento acidente. Agora lhe pergunto, Ulisses: como você pede para voltar à vida se dela está saindo por livre e espontânea vontade?

Ulisses chorava intensamente, derramando lágrimas de remorso e desespero, porque constatava a veracidade das observações daquele homem que nunca tinha visto, mas que sabia dele como ninguém. Ele percebeu o quanto sua maneira de viver o havia prejudicado. Agora sabia por que sempre estava irritado, medroso e doente, o quanto não tinha aproveitado a vida com a família e com os filhos e o quanto não tinha vivido.

— *Ah, se pudesse voltar e começar tudo outra vez!* — dizia, em forma de súplica aos céus. — *Peça, anjo de Deus, que eu tenha nova chance de voltar à vida. Por favor, eu prometo melhorar, ser outro homem. Por favor, me ajude.*

— Vamos orar, filho. Só Deus poderá impedir sua desencarnação.

Irmão Donato e irmã Clara se uniram em sentida prece. Dirigiram as súplicas a Deus, o Supremo Autor da Vida, encaminhando o pedido de Ulisses. Minutos após, enquanto os médicos ainda se debruçavam sobre o corpo quase desfalecido, uma luz intensa se irradiou por toda a sala de cirurgia. Ulisses fechou os olhos, tamanha a luminosidade que invadiu o ambiente. Era Catarina, vinda de planos celestiais, que dirigiu suas palavras ao agonizante:

— *Meu filho, os Mensageiros da Luz acabam de lhe conceder moratória, ou seja, uma nova concessão de tempo para que você volte ao corpo físico e prossiga a sua vida. Você conheceu a morte para lembrar-se da vida; constatou que a preocupação nada lhe dá, mas tudo pode lhe tirar. Volte ao plano físico e seja um homem que vive apenas um dia de cada vez. Viva cada minuto do seu tempo como se fosse o último da sua existência. O amanhã deixe para Deus, porque Deus deixa o hoje para você.*

Dias depois, Ulisses acordou e percebeu que havia retomado o corpo físico. Lembrou-se do ocorrido, recordando o diálogo com aquele verdadeiro anjo. Pôde olhar o seu corpo e todo o estrago ocorrido: cortes, pontos, ossos quebrados. Estava imobilizado, assim como a preocupação fez com ele em toda a vida.

"Mas de agora em diante será diferente", prometia para si mesmo. Os filhos e a esposa estavam ao seu lado, alegres porque depois de muito tempo Ulisses havia acordado para a vida. Mal sabiam que ele havia despertado para uma realidade de vida muito mais ampla. Lágrimas foram derramadas pela família reunida no hospital, e os amigos desencarnados vibravam com a perspectiva de Ulisses viver a realidade transcendente do ser humano.

"Se a ética não governar a razão,
a razão desprezará a ética."

José Saramago

Horas mais tarde daquele mesmo dia, após fazer diversos atendimentos, quando o corpo dava visíveis sinais de cansaço, Lúcia recebeu outra ligação de Pitu:
— É a doutora?
— Sou eu. O que deseja?
— Você já sabe. Preciso de você e não dá para esperar mais...
— O que quer?
— Quero que tire essa bala da minha perna!
— É só vir aqui – falou a médica.
— Engraçadinha. "Tá" querendo que a polícia me pegue?
— Não é isso. Lugar de médico é no hospital...
— Você vai ter de fazer esse serviço em outro lugar...
— Mas isso é impossível!

— Não quero saber. Você vai aparecer onde eu mandar, "tá" entendendo?
— E o que eu ganho com isso?
— Ganha que você não vai morrer. Quer mais?
— Mas que local é esse?
— Vá para a Estrada das Lágrimas. Depois do cemitério, você pega a primeira estradinha de terra e vai andando até chegar perto do rio. Ali eu espero você, amanhã às nove.
— E que garantias eu tenho?
— A minha palavra, doutora. Ou vai ou morre. E olhe só: vai sozinha, porque, se alguém a acompanhar, morrem todos.

Dessa vez foi Pitu quem desligou o telefone. Lúcia estava agoniada com a perspectiva de reencontrar o menor. Ela ligou imediatamente para Mário, dando notícias do ocorrido:

— Acompanhei a ligação, Lúcia. Amanhã é o grande dia, amanhã colocaremos um ponto final nessa história de crimes sem fim, de impunidade.

— Só espero que não tenhamos de pagar um preço alto.

— Se você quiser desistir, fique à vontade. Não quero pressioná-la a nada. Além do mais, não imagina o quanto me preocupa a possibilidade de acontecer algo de ruim com você. Eu jamais me perdoaria por isso.

— Vamos em frente, Mário. Estou com muito medo, porém não quero me acovardar diante da situação.

— Está bem. Preciso passar a você os detalhes de nosso plano. Podemos nos encontrar ainda hoje?

— Será um enorme prazer estar em sua companhia.

— Daqui a uma hora apanho você no hospital, está bem?

— Perfeito, é tempo suficiente para que eu termine o plantão. Eu o aguardo.

Desligando o telefone, Mário reuniu sua equipe e explicou seu plano de ação. Vinte policiais foram destacados para a operação.

— Deveremos ter toda a cautela necessária. Precisamos prender Pitu, mas que isso não signifique a morte da médica que servirá de atrativo para nossos objetivos. E quero esse menor vivo: nada de agressões desnecessárias. Seremos firmes e usaremos da força necessária à sua prisão. Pagaremos um preço muito alto se esse menor vier a morrer.

— Eu acho que a população iria nos aplaudir — falou um dos policiais. — Não podemos perder a oportunidade de dar um fim nesse bandido, doutor. Ele já matou muitas pessoas, inclusive policiais.

— Não estamos aqui para revidar antigas agressões, nem para julgar quem quer que seja. Nossa missão é prender o menor e entregá-lo ao juiz. À Justiça cabe decidir o que fazer com ele. Não vamos ser arbitrários, não somos juízes; somos policiais da segurança, não do caos. Não temos esse poder de matar; nem mesmo a Justiça poderia determinar uma execução. Espero poder contar com todos. Amanhã será um dia muito importante na história da polícia. Mostraremos que somos capazes de cumprir nosso papel.

As palavras de Mário não foram bem recebidas por alguns policiais. Vários deles alimentavam o desejo de vingança, queriam a todo custo prender Pitu, não para entregá-lo à Justiça, e sim para agredi-lo, quem sabe exterminá-lo. Depois de acertar os últimos detalhes do plano, Mário deu por encerrada a reunião e imediatamente se dirigiu ao hospital. Minutos depois...

— Como está, Lúcia?

— Aflita, confesso. Mas confiante de que tudo ficará bem. Acredito que Deus nos ajudará.

— Você acredita em Deus? — perguntou Mário.

— Acredito piamente. Acredito, porém, que Deus não é uma pessoa; vejo-o como uma energia, a mais poderosa que existe no universo.

— É interessante notar como cada um tem uma visão particular de Deus. Acho que nem poderia ser diferente, pois Deus é tão grandioso, tão supremo, que nossa mente não consegue compreendê-lo em sua plenitude. Não acha?

— Concordo com você. Deus é um grande mistério...

— Mas nem por isso distante do homem. Se me pedirem para definir Deus, eu não terei palavras para expressar o que penso, no entanto posso sentir Deus em cada momento da minha vida. Eu tinha um professor na faculdade que me dizia que Deus era uma experiência, que era mais importante senti-lo do que compreendê-lo. Sempre achei isso uma verdade. Acredito que Deus estará conosco amanhã, protegendo todos nós.

— Inclusive o menor?

— Inclusive. Por acaso ele também não é filho do mesmo Deus?

— Isso já me é difícil de aceitar.

— Pode ser difícil, todavia a razão não autoriza outra conclusão. Deus não tem filhos preferidos, acredito.

— E por que tanta desigualdade social? — perguntou a médica. — Por que uns nascem na miséria e outros em berço de ouro? Confesso que não consigo entender alguns mistérios.

— Mistério é somente aquilo que ainda não conseguimos entender. Tudo aquilo cujas causas ignoramos se apresenta como mistério.

— Particularmente, eu gostaria de encontrar respostas para muitas das minhas dúvidas.

— Um dia vamos compreender tudo isso, tenho certeza. Enquanto esse dia não chega, você se importaria em me acompanhar num lugar em que poderíamos buscar uma proteção espiritual?

— Que lugar é esse? — perguntou Lúcia, curiosa.

— É uma casa muito simples, próxima ao local onde passei boa parte da minha infância. Lá vive uma pessoa abençoada, que já me ajudou muito, e acredito que precisamos de seu apoio espiritual. Você aceita?

— Bem, se amanhã vou me meter numa emboscada com você, por que agora não me arriscaria em procurar alguma ajuda espiritual?

Os dois deram boas risadas e tomaram o rumo da casa de Lurdinha. No caminho, Mário contava algumas passagens de sua vida, mas especialmente aquelas em que Lurdinha esteve envolvida. Lúcia admirava-se com a bondade da mulher a que Mário se reportava com tanta gratidão.

— Lúcia, minha mãe dizia que muitas vezes não tínhamos o que comer e era a dona Lurdinha quem nos dava algum alimento. Mamãe comentou que dona Lurdinha a consolava em razão da morte de meu pai, falava da misericórdia divina, da sobrevivência da alma após a morte. Por isso, tenho muita gratidão por essa mulher.

— Puxa, estou admirada. Quero conhecê-la o quanto antes.

Em pouco tempo, os dois chegaram à casa de Lurdinha. Lúcia espantou-se com a extrema pobreza da casa. Porta e paredes com a pintura gasta pelo tempo, necessitando de reparos. Jamais alguém imaginaria que naquele local residia um anjo de Deus. Mário deu três pequenos toques na porta e em poucos segundos Lurdinha recebeu as visitas:

— Oh, meu filho, quanta saudade. Que bom revê-lo agora mais feliz.

— É mesmo, dona Lurdinha. Graças a Deus e a você minha vida mudou para melhor.

— Agradeça a Deus, meu filho, apenas a Deus. Vejo que você está bem acompanhado — disse Lurdinha dirigindo seu olhar para a médica.

— Ah, sim, já ia me esquecendo de apresentar minha amiga.

— Como vai, doutora Lúcia? — falou Lurdinha, para espanto da médica.

— Prazer em conhecê-la, senhora. Como sabe meu nome?

— Não se preocupe, Lúcia; a dona Lurdinha tem dessas coisas misteriosas — explicou Mário, tentando quebrar o assombro da amiga.

— Mas em que posso servir?

— Viemos buscar uma proteção. Estou com um caso difícil que amanhã poderá ser solucionado. Lúcia está envolvida, pois vem sendo ameaçada por um bandido. Amanhã planejamos prendê-lo.

— Sinto que o caso é delicado. Vamos orar, filho, porque toda proteção vem de Deus.

Os três dirigiram-se ao pequeno quarto onde Lurdinha costumava fazer suas preces. Sobre a velha cômoda, uma toalha branca, um velho livro e uma garrafa com água. Acima do móvel, o mesmo quadro que um dia chamou a atenção de Mário. Lurdinha concentrou-se e iniciou a prece, suplicando a intercessão divina para o caso levado por Mário e Lúcia. Ao término da oração, ela pegou o livro que estava sobre o móvel e pediu para que Lúcia, abrindo-o ao acaso, lesse a lição sorteada. A médica seguiu a orientação e, sem examinar o título da obra que recebeu das mãos de Lurdinha, abriu aleatoriamente o livro, em cuja página Lúcia, surpresa, encontrou a lição que passou a ler em voz alta:

— *Caridade para com os criminosos. A verdadeira caridade não está apenas na esmola que dais nem mesmo nas palavras de consolação que lhe acrescentais. Não, não é apenas isso o que Deus exige de vós! A caridade divina* ensinada por Jesus baseia-se também na benevolência permanente e em tudo mais para com o vosso próximo. Podeis praticar essa sublime virtude com muitas criaturas que não precisam de esmolas, e sim de palavras de amor, consolação e encorajamento que as conduzirão ao Senhor. Os tempos estão próximos, volto a dizer, em que a grande fraternidade reinará neste globo. A lei do Cristo é a que regerá os homens, será a moderação e a esperança e conduzirá as almas às moradas bem-aventuradas. Amai-vos, portanto, como filhos do mesmo Pai. Não façais distinção entre vós, pois Deus quer que todos sejam iguais; não desprezeis a ninguém. A presença de criminosos encarnados entre vós é um meio de que Deus se utiliza para que as más ações deles vos mostrem lições e ensinamentos. Brevemente, quando os homens praticarem as verdadeiras leis de Deus, não haverá mais necessidade desses ensinamentos e todos os espíritos impuros e revoltados serão dispersos para mundos inferiores, de acordo com suas tendências.

Deveis, aos criminosos de quem falo, o socorro de vossas preces; esta é a verdadeira caridade. Não vos cabe dizer de um criminoso: 'É um miserável; é preciso eliminá-lo da Terra; a morte que lhe é imposta é muito suave para um ser dessa espécie'. Não, não é assim que deveis falar. Observai Jesus, vosso modelo. Que diria ele se visse esse infeliz ao lado d'Ele: o lamentaria; o consideraria um doente miserável e lhe estenderia a mão. Em verdade, não podeis fazer isso, mas ao menos podeis orar por ele e dar *assistência ao seu espírito durante os poucos instantes que ainda deva passar em vossa Terra. O arrependimento pode tocar vosso coração, se orardes com fé. Ele é vosso próximo também, como o melhor dentre os homens; sua alma desnorteada e revoltada foi criada, como a vossa, para se aperfeiçoar. Ajudai-o, então, a sair do lamaçal e orai por ele.*[8]

Ao término da leitura, Mário e Lúcia estavam admirados com a pertinência da lição que haviam acabado de ouvir. Lurdinha, inspirada pelo Alto, teceu alguns comentários sobre o assunto:

– Que nenhum desejo de vingança anime vocês. A lição recomenda caridade para com os criminosos, nas palavras e nas atitudes. Jamais utilizem a violência para que não sejam vítimas dela. A paz deve ser a nossa melhor arma; a compreensão, o nosso melhor escudo e o respeito, a nossa melhor proteção. Isso não é ser conivente com o erro, acovardar-se perante a situação. Combatamos o crime, não o criminoso. Ninguém trata a doença matando o doente. Da mesma forma, ninguém combate a criminalidade aniquilando os criminosos. Vigiem, principalmente, o mundo íntimo de vocês, procurem extirpar todo sentimento de ódio e medo, porque só o amor credenciará o homem a viver em paz consigo mesmo.

---

[8]. KARDEC, Allan. *O Evangelho Segundo o Espiritismo*. Capítulo 11, item 14. São Paulo: Petit Editora (N.A.).

Logo após a pequena explanação, Lurdinha estendeu suas mãos sobre Mário, tal como Jesus fazia com diversos enfermos do corpo e da alma, transmitindo energias de paz e esperança. Da mesma forma, Lúcia foi também envolvida pelo gesto amoroso. Ao término da oração, Mário dirigiu-se à benfeitora:

— Mais uma vez, dona Lurdinha, Deus lhe pague por tudo.

— Deus já me deu tudo, filho. Eu é que agradeço pela visita de vocês. Voltem quando quiserem. E você, filha, procure pensar na lição que foi lida, a fim de que o mal não nos envolva nas sombras da nossa própria ignorância.

— Eu procurarei me lembrar de tudo, dona Lurdinha — falou a médica, pensando na advertência que acabara de receber.

Ela e Mário trocaram impressões sobre o ocorrido; estavam confiantes de que em breve tempo aquele drama teria fim.

"A condição moral da terra
é o nosso reflexo coletivo.
Todos temos acertos e desacertos.
Todos possuímos sombra e luz."

EMMANUEL

Na manhã seguinte, vários policiais já estavam a postos para a execução do plano traçado por Mário. O delegado-titular ainda tentava convencê-lo a desistir de seus objetivos:

— Ainda é tempo de você deixar de lado esse plano maluco. Ouça a voz da experiência, Mário.

— Prefiro ouvir a voz do meu coração, doutor Hermenegildo.

— É por isso que vai se machucar, Mário. Depois não diga que não avisei. Agora, se der alguma coisa errada, não me venha pedir para segurar a sua barra...

— Eu respondo por meus atos, doutor. Eu só gostaria que o senhor me falasse a respeito de Lúcia. Acha que ela está ciente dos riscos da operação?

— Pior é que está. Deve ser outra maluca que nem você.

— Assim fico mais tranquilo. Não se preocupe, doutor. Tudo vai dar certo. Agora o senhor me dê licença, que preciso conversar com a doutora.

Pelo telefone, Mário conversou com Lúcia:

— Alô? É a Lúcia?

— Mário, sou eu.

— Como está?

— Com medo. Tive muitos pesadelos esta noite. Não será melhor desistirmos?

— Você é quem sabe, Lúcia. Já disse que não quero forçá-la a nada. A decisão é sua e saberei respeitá-la. Só preciso que defina isso agora, pois mobilizei muitos homens para a operação. O que me diz?

Alguns segundos de silêncio deixaram Mário confuso. Entendia a aflição de Lúcia, não poderia forçá-la a nada, embora sentisse que aquela era a chance de prender Pitu. Depois de alguma hesitação, a médica se definiu:

— Vamos em frente, Mário. Eu quero a prisão desse menor. Não posso viver fugindo das ameaças que ele me faz. Hoje é o dia de colocar um ponto final nessa história.

— Muito bem, Lúcia. Farei de tudo para que nada de mal lhe ocorra. Você já sabe como agir. Irá até o local e tentará extrair a bala. Faça isso com muita calma, não tenha pressa, pois precisamos de tempo para deixá-los desprevenidos. Boa sorte e saiba que meu coração estará guiando os seus passos.

— É bom saber que você estará comigo, Mário. Espero que o fim desse caso não represente o fim do nosso relacionamento.

— Eu prometo que não será o fim – falou Mário, com amor em cada uma de suas palavras.

Próximo da hora combinada, Lúcia dirigiu-se ao local mencionado por Pitu. Depois do cemitério, encontrou a estrada de terra. Percorreu mais de cinco quilômetros e nada de avistar o rio onde encontraria o menor. Durante o trajeto, não cruzou com outros veículos, tampouco avistou qualquer pessoa andando pela estrada. Sentiu vontade de voltar, mas sua coragem foi maior. Depois de rodar mais alguns minutos, escutou o barulho de águas correntes. "Deve ser o rio", pensava. E era. A estrada terminava exatamente naquele local, numa curva que desembocava no rio, conhecida como Curva da Morte. Não havia ninguém esperando. Lúcia desceu do carro aflita, olhando para os lados sem imaginar de onde viria o perigo. Ali permaneceu por mais de dez minutos. Pensava que estivesse só, mas não estava. Dois jovens companheiros de Pitu a espreitavam por detrás de vastas árvores que ladeavam a outra margem do rio. Quando ficaram certos de que ela realmente estava só, resolveram aparecer:

— Você deve ser a doutora – falou um deles com um sorriso sarcástico e empunhando uma arma de fogo.

— Sim, sou a doutora Lúcia. Onde está o Pitu?

— Calma, madame. "Tá" com pressa?

— Bem, eu só quero terminar logo o que vim fazer.

— Abra essa mala, doutora!

— Eu aqui só tenho material cirúrgico!

— Eu não perguntei o que a senhora tem. Eu mandei abrir a mala.

— Eu abrirei, porém peço a vocês para não colocarem seus dedos imundos nos instrumentos cirúrgicos. Olhem com os olhos, não com os dedos.

— Mas a doutora tem a língua afiada. É melhor não provocar, pois nós também apreciamos fazer uns cortes de vez em quando...

— Por favor, olhem logo e tragam seu amigo.

Os dois passaram rapidamente os olhos sobre o interior da mala e, como nada lhes chamou a atenção, voltaram-se para a médica:

— A doutora vai nos acompanhar bonitinha, sem dar um pio — falou, energicamente um deles.

— Mas aonde vamos?

— Dar um passeio — disse outro, gargalhando.

— Pois fiquem sabendo que eu não vou a lugar algum!

— Não vai? — perguntou um deles, apontando o revólver na direção da médica.

— Parece que não tenho escolha...

— Assim é melhor, madame. Colabore com a gente, senão vai sobrar chumbo...

Os três alcançaram a outra margem do rio e se enveredaram pela mata. Lúcia seguia entre os capangas de Pitu, ambos armados. Não havia como escapar, sentia que agora sua vida estava nas mãos daqueles estranhos. Não tinha garantia alguma de que continuaria viva. Enquanto andava por caminhos desconhecidos, pensava em sua família, sua mãe desencarnada, seu pai que fazia tempos que não via. Naquele instante é que pôde perceber a importância da vida, da presença dos familiares e dos relacionamentos afetivos. Talvez na iminência de perder a vida é que Lúcia começou a valorizar a sua existência. Pensou muito em Mário, afligiu-se com a possibilidade de nunca mais voltar a vê-lo. Quanto mais andava, quanto mais penetrava a mata cerrada, mais aumentava seu desespero. "Será que Mário está por perto?" era a pergunta que fazia a si mesma. "Será que a polícia será capaz de me livrar desse pesadelo?" era a dúvida que não saía de sua cabeça. Depois de mais de meia hora de lenta caminhada, acompanhada de misteriosos sons da própria natureza, os três chegaram a uma clareira, onde Lúcia avistou um pequeno barraco.

– Por acaso chegamos ao nosso destino? – perguntou a médica.

– Chegamos, doutora. Agora a senhora vai entrar lá e fazer o serviço direitinho. Não esqueça que qualquer vacilo tem troco. Já matei vários, madame, e não me custa mandar mais alguém para o inferno.

Lentamente, os três se aproximaram do barraco. Os companheiros de Pitu olhavam cuidadosamente para todos os lados, atentos para alguma aproximação da polícia. Mas tudo parecia normal, nenhum sinal de que estavam sendo seguidos.

– Barra limpa – falou um deles. – Vamos entrar.

Já no interior daquele velho casebre, Lúcia deparou com Pitu deitado numa cama improvisada. Ficou toda arrepiada ao ficar cara a cara com aquele jovem de aspecto macabro.

— Olha quem chegou, a minha doutora...

— Por favor, deixe-me extrair a bala e sair desse local, pelo amor de Deus...

— Faça o serviço, doutora, e depois conversaremos...

A médica iniciou a limpeza do ferimento. Tinha dúvidas se teria condição de extrair a bala sem o instrumental cirúrgico adequado. A bala parecia estar encravada no osso da perna esquerda, o que dificultava o ato cirúrgico em tão precárias condições. Mas faria o possível. Enquanto aplicava um anestésico local, Lúcia pensava onde estaria Mário. Será que ele a livraria daquele tormento? Lembrou-se das palavras de Lurdinha, mas não conseguia pensar em caridade para com aqueles criminosos. No fundo, desejava que morressem todos, eram facínoras, mereciam a morte. Com o bisturi na mão, teve o ímpeto de atacar Pitu; só não o fez porque sabia que eles a matariam em seguida. Conteve-se e concentrou-se ao máximo para tentar extrair a bala. Durante as manobras cirúrgicas, o menor sentia muita dor, gritava, xingava a médica de incompetente, ameaçando-a por diversas vezes. Ela aplicava altas doses de anestésico local, mas mesmo assim Pitu sofria dores lancinantes. Lúcia já estava desanimada e sentia que não teria êxito em seu trabalho. Era preciso internar o menor, pois do contrário ele sofreria incontornável hemorragia. Sentindo que nada mais poderia fazer, ela pediu ajuda a Deus. Lembrou-se, mais uma vez, de Lurdinha e clamou para que um milagre se fizesse. Imediatamente, sentiu um certo formigamento na mão, um impulso de retomar a cirurgia e tentar, pela derradeira vez, retirar a bala. Era uma sensação estranha, como se alguém estivesse guiando seu braço. Lúcia não sabia o que estava ocorrendo: estava operando, suas mãos estavam firmes como nunca, decididas, certeiras. O que ela não sabia é que estava sendo ajudada espiritualmente, recebendo intuições do espírito benfeitor Américo de Almeida, médico-cirurgião, abnegado socorrista do mundo espiritual. Em breves minutos, a bala foi extraída, para total surpresa da médica e para alívio do menor.

Lúcia terminou o procedimento cirúrgico, deu pontos e colocou bandagens sobre o ferimento. Receitou antibióticos para evitar uma provável infecção. Agora era aguardar. Exausta e ao mesmo tempo curiosa com o que havia ocorrido, Lúcia dirigiu-se ao menor:

— Agora me deixe ir embora, por favor.

— Ainda não, doutora. Vai ficar aqui comigo mais um tempo. Quando melhorar a dor, quero ter uma conversinha com a senhora...

— Em hipótese alguma. Já cumpri com a minha parte, agora cumpra com a sua.

— Calminha, doutora, o Pitu quer um diálogo mais chegado com você. Deixa ele ficar bom; daqui umas horas, quem sabe...

Quando Lúcia já havia perdido as esperanças, quando seus algozes já haviam afrouxado a vigilância, Mário e seu grupo invadiram o casebre e grande agitação se formou no ambiente. Os policiais entraram em violenta luta corporal com os companheiros de Pitu, mas um deles conseguiu escapar. Mário dominou o menor, algemando-o. O outro também acabou sendo aprisionado pelos policiais. Enfim, Lúcia estava salva e Pitu estava preso. A operação tinha sido um sucesso. Mário abraçou a médica, e ela não conseguia dizer nenhuma palavra, apenas chorava compulsivamente.

— Calma, Lúcia, agora tudo está bem. Deus nos ajudou e alcançamos nossos objetivos. Vou levá-la ao hospital para que tome um calmante. Você está muito nervosa.

— Matem-no — gritou a médica. — Eu quero que ele morra, que vá para o inferno!

— Calma, Lúcia, isso não resolve nada. Ele já está preso; tudo acabou. Vou levá-la embora e você ficará melhor. Só espere mais um pouco para que eu dê as ordens finais aos meus policiais.

— Muito bem, gente, ganhamos essa parada. Levem o menor ao hospital para ser examinado. É possível que ele precise de ajuda; está sangrando muito. Reforcem a segurança. Quanto ao outro, levem-no para a delegacia. Mais tarde lavraremos o flagrante e apresentaremos os dois ao juiz de menores.

O que Mário não esperava era que os policiais encarregados de levar Pitu ao hospital tinham outros planos para ele. No trajeto, resolveram parar no meio do mato, tiraram o menor da viatura e deram-lhe três tiros mortais. Pitu havia desencarnado.

"O tiro que mata o criminoso não mata o crime.
Na forca só se pendura um cadáver."

OTTO LARA RESENDE

Já no hospital, em companhia da médica, Mário recebeu do delegado-titular, doutor Hermenegildo, a notícia do ocorrido com o menor.

— Mas como isso foi possível? Ele entrou vivo na viatura!

— Não sei, Mário. Os policiais disseram que ele reagiu brutalmente, tentou escapar. Só conseguiram contê-lo com os disparos.

— Não posso admitir essa desculpa. Como quatro homens não conseguem dominar um garoto debilitado, ferido? Tenho certeza de que Pitu foi assassinado!

— Isso ninguém vai provar, Mário. As únicas testemunhas são os próprios policiais...

— O senhor tem razão; dificilmente alguém duvidaria dos policiais. E o menor já não está aqui para se defender. Onde está o cadáver, doutor Hermenegildo? Eu gostaria de examinar o corpo.

– Está no necrotério do hospital, bem próximo a você. Aproveite e faça a sua visita, Mário. Dê o último adeus àquele criminoso – falou Hermenegildo, com ironia mordaz.

Ainda transtornado com a notícia, Mário transmitiu a informação a Lúcia, e dela ouviu palavras candentes:

– Bem-feito para ele – disse a médica, satisfeita com o trágico fim de Pitu. – Ele merecia essa morte. Vou dar meus parabéns aos policiais.

– Não diga isso, Lúcia. Tenho certeza de que Pitu não reagiu à prisão. Ele foi executado friamente.

– Se isso for verdade, não vejo problema. O importante é que ele esteja morto, para sempre. Morto, era o que eu desejava.

Será que Lúcia estava certa? Será que Pitu estava realmente morto? Na sala fria do necrotério, apenas um corpo envolto em lençol, deitado sobre a cama de concreto. Mário examinou o cadáver, identificou a região atingida pelos projéteis de arma de fogo. Pensava como tinha sido triste a vida daquela criatura e agora como tinha sido trágica a sua morte. Era o fim de Pitu, acreditava. Mas, o que os olhos de Mário não conseguiam alcançar era a realidade que vai além dos sentidos físicos, a vida além da morte, a eternidade do espírito. Pitu não havia morrido. Desligara-se do corpo físico; no entanto, seu espírito, como ente imortal, superava a barreira da morte e continuava palpitando em outra dimensão da existência. A morte é mudança, apenas. Como se troca de roupa, o espírito deixa a veste carnal e continua lúcido, vivo, eterno...

Espíritos de luz cuidavam para que as últimas ligações existentes entre o corpo e o espírito fossem definitivamente rompidas. Pitu ainda não tinha total compreensão de seu atual estado. Pouco a pouco, porém, quanto mais os laços eram desligados, mais era capaz de compreender sua nova condição. Sálvio fez-lhe companhia, deu-lhe palavras de esperança, convidou-o a seguir um novo rumo, ofereceu-lhe apoio. Contudo, Pitu tinha muita dificuldade de captar a presença de Sálvio, dada a distância vibratória existente entre um e outro. O menor, contudo, estava visivelmente ligado a outros espíritos que lhe prestavam esquisito apoio. Eram almas que também delinquiram na experiência carnal e que continuavam, além da morte, na ignorância de seus propósitos criminosos. Um deles era Jairo, que estava no necrotério com ordens de receber Pitu. Ele se aproximou do velho amigo, dando-lhe as boas-vindas:

— *Como é, rapaz? Acorda logo.*

— *Quem é você?* — perguntou Pitu, confuso.

— *Sou seu amigo Jairo. Aos poucos você vai se lembrar...*

— *Mas onde estou?*

— *Ainda não percebeu?*

— *Não sei bem, sinto-me estranho. Estava na viatura e lembro que os policiais deram os tiros. Tive muita dor e apaguei. Depois acordei nesta sala esquisita, vi meu corpo estirado no cimento frio, fiquei confuso. Até pensei que tivesse morrido. Coisa medonha.*

— E acha que não morreu?

— Parece que estou num pesadelo horrível. Vejo meu corpo deitado, morto. Mas me sinto vivo, respiro, tenho dores pelo corpo. Não sei bem o que está acontecendo.

— Então vou ser claro, Pitu. Você morreu, seu corpo morreu. Os tiras apagaram você. Mas depois da morte a gente continua vivo num mundo diferente.

— Então é por isso que vejo meu corpo?

— Exatamente. Agora você está no mundo dos mortos.

— Mas eu não queria ter morrido! — falou Pitu aos prantos.

— Mas morreu, cara. E agora não adianta chorar. Você tem de vir com a gente. Temos muito a fazer.

— Quem é você? Acho que o conheço, mas não sei de onde...

— Você me conhece, Pitu. Aos poucos você vai lembrar. Agora venha comigo. Vamos sair daqui.

— E para onde vamos?

— Temos nosso esconderijo. O bando está esperando pela gente.

— Mas estou fraco, não consigo andar...

— Isso não é problema. Não estamos sós.

Em poucos minutos, dois espíritos ligados a Jairo chegaram ao local e se incumbiram de carregar Pitu. Dirigiram-se para uma região do mundo astral de aspecto horripilante. O ambiente era de pouca claridade, ruas de terra, uma garoa fina insistente. A neblina densa rondava os caminhos escuros. Vez ou outra, gritos de desespero rompiam o misterioso silêncio das ruas. Pitu e seus acompanhantes chegaram a uma casa situada nas proximidades de um lago lodoso. O cheiro causava náuseas a qualquer um. No entanto, os habitantes daquela localidade já estavam acostumados com a aspereza do ambiente. Exausto, Pitu foi acomodado em um colchão de capim e adormeceu. Enquanto isso, Jairo dirigiu-se ao chefe do grupo, Torquato, a quem prestou as últimas informações:

— Chefe, Pitu já foi recolhido em nosso grupo.

— E como ele está?

— Fraco, muito debilitado.

— Arrume alguma coisa para ele se alimentar quando acordar. Isso deve resolver...

— Pode deixar comigo, chefe.

— Assim que ele melhorar, traga-o à minha presença. Tenho muitos planos para ele. Agora, porém, tenho uma tarefa para você, Jairo.

— E do que se trata?

— Quero que passe a vigiar o delegado e a médica.

— O Mário e a Lúcia?

— Perfeitamente. Vigie seus passos, vinte e quatro horas por dia. Quero um relatório minucioso de todas as atividades que eles estão realizando. Você deverá estudá-los, examinar suas tendências, seus gostos e principalmente seus pontos negativos. Observe o que deixa cada um irritado, nervoso, preocupado, com medo. Em uma semana quero esse relatório pronto.

— Qual o plano, chefe?

— Acabar com os dois. E não vai ser difícil.

— *Pode contar comigo, Torquato. Terei o enorme prazer em dar-lhe as informações de que precisa.*

No dia seguinte, Mário já havia feito todo o relatório do ocorrido ao juiz de menores. Os policiais foram ouvidos pelo magistrado e afirmaram que o menor tentou escapar usando de violência. Disseram, ainda, que um carro interceptou a trajetória da viatura policial, com o objetivo de resgatar Pitu. Houve troca de tiros entre os policiais e os dois ocupantes do veículo, oportunidade em que o menor tentou fugir. Um dos policiais procurou segurá-lo e Pitu quis agredi-lo com uma faca, momento em que um outro policial, para defender o colega e evitar a fuga, fez os disparos contra o menor. Essa versão foi a que acabou prevalecendo no inquérito, que foi arquivado por falta de provas contra os policiais.

Mário ficou triste com o desfecho do caso. Ele sabia que era falsa a versão dos policiais, mas não tinha como provar. Sentia-se, de certa forma, culpado por ter deixado o menor nas mãos dos policiais. Mas, não desconfiava de que eles seriam capazes de matá-lo a sangue-frio. Já Lúcia estava bem melhor, aliviada com a morte de Pitu. Seu pesadelo tivera fim. Ainda naquele dia, os dois se encontraram para jantar. Ignoravam, contudo, que não estavam sós: Jairo acompanhava, com visível interesse, o diálogo que se estabeleceu entre o casal:

— Como estou aliviada, Mário. Nem posso acreditar que nosso pesadelo acabou.

— Nem tanto, Lúcia. Ainda me entristece saber que Pitu foi assassinado pelos policiais.

— Deixa isso para lá, Mário. Aquele bandido não merecia outra coisa. E parece que você nem está feliz por eu ter escapado com vida...

— Que é isso, Lúcia? Estou muito contente porque nada de grave ocorreu a você.

— Só contente? – perguntou a médica, querendo vasculhar os sentimentos de Mário.

— Mais do que isso, Lúcia. Acho que não posso mais esconder meus sentimentos. Sou o homem mais feliz do mundo por estar ao seu lado. Eu jamais me perdoaria se algo de ruim tivesse ocorrido com você. Agora que tudo acabou, devo abrir meu coração e dizer-lhe o que nunca disse a uma mulher...

— Diga, Mário. Eu quero ouvir...

— Não sei se devo. Tenho receio do que você vai achar...

— Fale, Mário, não tema. Quem sabe eu também tenha muito a lhe dizer...

Mário respirou fundo e tomou coragem para revelar seus mais caros sentimentos:

— Sabe, Lúcia, desde que a vi pela primeira vez meu coração bateu mais forte e me senti atraído por você como nunca havia me sentido por outra mulher. Desde esse dia, quase todas as noites adormeço pensando em você, sonho e acordo com você em meus pensamentos.

Tentei evitar que isso ocorresse, mas não deu para convencer o coração. Queria estar ao seu lado, Lúcia, gostaria de ser o homem da sua vida, enfim, eu a amo muito...

— Você não sabe o quanto é bom ouvir isso, Mário – falou a médica com os olhos cheios de lágrimas. – Tenho muitas dificuldades de expressar o que sinto, sempre me esquivei de relacionamentos amorosos, mas com você tem sido diferente. Gosto de sua companhia. Você é agradável, gentil, inteligente e corajoso, virtudes que aprecio em um homem. A princípio, pensei que era apenas a necessidade de ser protegida, porém pouco a pouco fui observando que era muito mais do que isso. Acho, enfim, que não tenho outra explicação, a não ser que estou perdidamente apaixonada por você...

Nenhuma outra palavra os dois conseguiram registrar. Eles se olhavam apaixonadamente. As mãos trêmulas de emoção se enfeixaram umas nas outras, e os lábios, enfim, se tocaram como há muito desejavam. A música soou mais alto, os garçons, sorridentes, viraram o rosto em atitude de respeito e poderíamos dizer que o mundo todo se encantou com aquela demonstração do mais puro amor entre duas pessoas.

"O erro, em si mesmo, gera um clima psíquico nefasto, que atrai espíritos semelhantes ao que se compromete moralmente, passando a manter sistemática sintonia e comércio emocional continuado."

BEZERRA DE MENEZES

Na semana seguinte, Jairo prestou a Torquato o relatório de suas observações:

– *Chefe, já tenho as informações.*

– *Pode falar o que viu.*

– *Vi dois pombinhos querendo fazer o ninho* – falou Jairo, irônico.

– *Eu pressentia que esses dois ainda ficariam juntos!* – exclamou Torquato. – *Quer dizer então que os dois já estão namorando?*

– *É isso. E até falam em casamento. Estão loucamente apaixonados.*

– *Tenho que dar o troco a esses dois...*

– *Posso saber por que o senhor quer prejudicá-los?*

– *Esse delegado já nos causou muitos prejuízos, vem atrapalhando nossos planos. Já perdemos dois homens: um está* preso, o Genivaldo, e o Pitu veio para cá antes da hora. O Mário é muito certinho, tem dificultado nossa ação, não se acovarda, tem desejo de fazer justiça, e a população já está gostando de seu trabalho. Se continuar assim, ele vai longe na carreira, e isso não é bom para nós. E ela? Notou algo interessante?

— É claro, chefe. Lúcia ficou muito satisfeita com a morte de Pitu. Acredita que os policiais agiram corretamente. Alimenta forte tendência à vingança, à violência. Além do mais, parece-me muito possessiva.

— Ah, é bom saber disso. Eles têm algum envolvimento com religião?

— Nenhum deles segue uma em especial. Mário, no entanto, costuma entregar-se à oração com regular frequência.

— Isso não é bom. Precisamos ficar atentos. Coloque um de nossos homens para tentar impedir que ele se dedique à prece. Se conseguirmos isso, nossos planos terão maior probabilidade de sucesso. Diga-me, Jairo: o delegado tem algum medo?

— Hoje eu diria que o único que ele tem é o de perder Lúcia. Só esse.

— Era o que eu precisava saber. E como está o Pitu?

— Fui informado que despertou há poucas horas. Recebeu alimentação e melhorou da fraqueza. Contudo, tem um problema grave.

— Qual?

— Sente falta da droga, chefe. Ele a usava todos os dias e desde que chegou aqui está sem a danada...

— Bem, você sabe como resolver isso.

— Pode deixar. Agora mesmo vou levá-lo para passear...

Torquato soltou uma sonora gargalhada a respeito do irônico comentário feito por Jairo. A que passeio ele teria se referido?

– Olá, Pitu! Como se sente?

– *A fraqueza passou. Só não me conformo com a morte. Gostaria de acabar com a vida daqueles malditos que me prenderam. Ainda vou me vingar daquele delegado, eu prometo.*

– Calma, rapaz, tudo tem a sua hora. Você ainda terá a oportunidade que deseja. Agora precisa melhorar sua condição.

– Mas eu estou sentindo falta da maconha, não consigo ficar sem ela. Eu pensei que com a morte a gente deixava o vício...

– *Que nada, voltamos para cá do mesmo jeito que saímos do corpo. Mas podemos dar um jeito nisso...*

– Como? Aqui também tem a maldita?

– *Não, mas podemos nos aproveitar dos viciados encarnados. Eu vou lhe ensinar como fazer. Vamos passear...*

Em pouco tempo, Jairo e Pitu alcançaram as ruas da cidade de São Paulo. Depois de algumas caminhadas, os dois chegaram a um barzinho noturno:

– *Vamos entrar, Pitu. Aqui tem o que você precisa...*

– *Vamos logo, porque não aguento mais esperar...*

No interior da casa noturna, Pitu assombrou-se com o que viu:

– *Nossa, aqui tem mais gente morta do que viva! Parece um baile de fantasmas!*

– *Vá se acostumando, garoto. Os chamados mortos estão mais vivos do que nunca. E os vivos acham que estamos na sepultura...*

— Estou vendo. Jairo, meu camarada, estou sentindo o cheiro da erva queimando...

— É isso mesmo. Foi por isso que eu trouxe você aqui, para se alimentar, para fumar com viciados encarnados...

— E como se faz isso?

— É fácil. Veja aquele lá, note como ele faz. É só se aproximar do viciado, apegar-se a ele, envolver-se com ele, e pronto... Tente você mesmo.

Pitu rondou o local para encontrar alguém com quem pudesse dividir o ilusório prazer da droga. Não foi difícil: achou um jovem de dezessete anos fumando maconha no banheiro. Tentando se aproximar do menor, Pitu notou a inesperada presença de Sálvio:

— Como vai, Pitu? O que faz aqui?

— Quem é você?

— Sou seu amigo Sálvio.

— Sua voz não me é estranha.

— De fato, não é. Conversei um pouco com você no momento de seu desencarne.

— Não me recordo disso.

— É provável que não.

— Mas o que deseja de mim?

— Vim para tentar evitar que você continue sofrendo. Gostaria que você me acompanhasse. Vamos sair daqui para conversar melhor.

— Não quero sua ajuda. Saia daqui.

— Está bem, você é quem decide. Só quero que saiba que sou seu amigo e que pode contar comigo assim que precisar. Por acaso acredita que Jairo o esteja ajudando? Pense a respeito.

Da mesma forma que apareceu, Sálvio sumiu das vistas de Pitu que ficou confuso com as palavras recebidas. Entretanto, seu desejo foi mais forte. Acercou-se do jovem encarnado, envolveu-o da forma ensinada por Jairo e em pouquíssimos minutos dividia com o fumante as loucuras da droga.

Na manhã seguinte, Mário estava em companhia da mãe, a quem revelou seu namoro com Lúcia:

— Minha mãe, estou apaixonado, como a senhora já deve ter percebido.

— É mesmo, filho. Você anda tão avoado esses dias, com cara de bobo... Logo percebi que tinha paixão nessa história.

— É mesmo, a gente fica meio aéreo...

— É o amor, filho, como diz a música...

— Eu quero que a senhora conheça a Lúcia. Vou convidá-la a vir esta noite aqui. A senhora concorda?

— É claro, preciso saber quem é essa mulher que está querendo fisgar meu filho...

Os dois deram gostosas risadas e ficou tudo certo para a noite. Horas mais tarde, Mário combinou o encontro com Lúcia, que prontamente concordou em conhecer a mãe de seu namorado. Sálvio e Abel acompanhavam atentamente os passos do jovem casal:

— *Estou tão feliz com esse namoro* — disse Abel. — *Mário parece realmente amar essa mulher.*

— *É um sentimento verdadeiro, Abel. São almas antigas que se reencontraram. Há muito tempo eles não reencarnavam* juntos. Encontravam-se somente entre uma experiência e outra. Agora programaram experiências evolutivas juntos e voltaram ao plano físico.

— Então eles se casarão?

— É provável, programaram-se para isso. Mas, há obstáculos à vista.

— Quais? — questionou Abel, intrigado.

— Você já percebeu que Jairo está rondando Mário e Lúcia?

— Sim, tenho notado.

— Pois bem, Jairo está vinculado a um antigo líder de regiões trevosas, o Torquato, cujo coração endurecido até hoje não conseguimos conquistar. Torquato domina vasta legião de espíritos vinculados ao crime, especialmente ao tráfico de drogas. Pitu está sob o domínio desse grupo, e sinto que alguma vingança pode estar sendo tramada. Vamos aguardar.

À noite, Mário levou a namorada para conhecer sua mãe:

— Olá, dona Ana! Muito prazer em conhecê-la.

— O prazer é meu, doutora Lúcia. Não repare a simplicidade da nossa casa. E me chame de Ana, por favor.

— Muito bem, Ana. E a senhora não me chame de doutora — falou Lúcia, respeitosamente.

— Ah, minha filha, eu acho tão bonito chamar alguém de doutor.

— Mas não estamos no hospital!

— Bem, paremos com esses protocolos e vamos logo jantar, que estou com fome — falou Mário, animado.

Enquanto jantavam, os três mantinham agradável conversação, e o entrosamento entre Lúcia e Ana foi perfeito. A ternura e o afeto da mãe de Mário deixaram Lúcia encantada:

— A senhora me traz muitas lembranças de minha mãe — disse Lúcia, saudosa.

— Sua mãe faleceu?

— Sim, há vários anos.

— Sinto muito.

— Não se preocupe, Ana. Tenho muito boas recordações de minha mãezinha.

— E seu pai? — perguntou Ana.

— Esse é um capítulo que Lúcia talvez queira deixar para uma outra data, mãe — falou Mário, sabedor dos problemas que sua namorada tinha com o pai.

Os três terminaram o jantar, e a reunião foi das mais agradáveis para todos. Ao se despedir, Ana dirigiu-se a Lúcia, com muita ternura:

— Minha filha, eu quero que vocês sejam felizes. E o amor é a única forma de um casal ser feliz. Quando se ama, o casal se respeita; quando se ama, o casal tem paciência um com o outro; quando se tem amor, não há dificuldade que não seja superada. Por isso, só posso pedir a vocês que se amem. Esse amor não brota do nada, nasce a cada dia, dependendo da nossa vontade, do nosso carinho e da nossa atenção para com aquela pessoa que nós escolhemos para o resto de nossa vida. Eu quero que esse olhar de felicidade que hoje vocês demonstram fique para toda a vida. E contem com a minha bênção.

"Vigiai e orai para que não entreis em tentação."

JESUS (MATEUS, 26:41)

Um mês depois, vamos encontrar Mário e Lúcia ainda mais apaixonados um pelo outro. Já faziam planos para um casamento em data não muito distante. Se tudo desse certo, em seis meses estariam casados. Sentiam que as afinidades eram grandes, um completava o outro. Mário nunca experimentara um momento tão feliz em sua vida; estava ao lado da mulher que amava e sentia-se plenamente integrado na atividade policial. Gostaria de casar e ter filhos, muitos filhos. Lúcia, por sua vez, também anelava pelo casamento ao lado do homem de sua vida. Queria constituir família, ter a casa sempre cheia de amigos e, quem sabe, de filhos.

Todavia, esses sonhos estavam ameaçados. Torquato estava reunido com Pitu e Jairo, traçando seu plano para impedir a felicidade do casal:

— Você, Pitu, está disposto a vingar-se do delegado? — perguntou o líder do grupo.

– É o que mais quero, chefe. Ele vai sentir na pele o que foi ter acabado comigo!

– Assim é que eu gosto. Mas sua atuação não será diretamente com ele.

– Não?

– Você vai atingi-lo por meio de uma outra pessoa.

– E quem é? – perguntou Pitu, curioso.

– Trata-se da namorada do delegado, futura esposa dele. Aliás, você já a conhece.

– Conheço?

– E muito. É Lúcia, a médica do pronto-socorro que foi usada na emboscada.

– Aquela maldita doutora. Ela sabia que iriam me pegar! – exclamou Pitu, revoltado. – E o que devo fazer?

– Muito simples. Aproxime-se dela. Envolva-a tanto quanto possível, passe a ela todo o seu ódio em relação ao delegado, diga que ele não presta, que é mulherengo. Espere-a dormir e atormente seu espírito, a fim de que ela registre pesadelos com você. Apareça para ela com o corpo ensanguentado, diga que veio buscá-la, assuste-a. Jairo dará a você as explicações necessárias de como proceder. Você deve agir pelo pensamento, projetando as ideias de que lhe falei na mente da médica. Ela absorverá com facilidade. No começo, haverá um pouco de dificuldade, porém aos poucos você dominará a situação.

– E quanto ao delegado, chefe? – perguntou Jairo.

– Vigiem-no. Como falei, tentem evitar que ele se entregue à oração e que venha a ler algum livro espírita. Na hora *da oração, provoquem sono nele, projetem ideias sensuais, façam qualquer coisa para que ele não se ligue aos seus protetores. Se, porventura, algum livro espírita chegar às mãos dele, a tática é a mesma. Provoquem sonolência na hora da leitura, joguem ideias de que o livro é obra do demônio. Isso vai deixá-lo louco. Devemos ter muito cuidado com esses livros. Temos perdido muitas batalhas por causa dos esclarecimentos que prestam. Por fim, evitem que o delegado se aproxime de alguma pessoa espiritualmente mais esclarecida, para que nossos planos não sofram nenhuma interferência. Por ora, isso é o suficiente. Agora entrem em ação, imediatamente. Não temos mais tempo a perder.*

Naquela mesma noite, Pitu começou a pôr em prática os sinistros planos de Torquato. Ele aguardou que a médica se entregasse ao sono para encontrá-la mais diretamente. Lúcia cuidava da higiene do corpo antes de dormir. Depois de um reconfortante banho, ela procurava a roupa mais confortável para repousar, os lençóis limpos, o travesseiro macio. Só não tinha o hábito da prece, ocasião em que poderia sintonizar-se com energias espirituais mais elevadas, adormecendo nos braços dos espíritos de luz. Durante o sono, apenas o corpo repousa. O espírito, parcialmente liberto da matéria que descansa, alcança as regiões espirituais de seu interesse imediato, quase sempre acompanhado por outros espíritos encarnados e desencarnados que gravitam em torno dos mesmos objetivos. A prece estreita nossos canais de comunicação com os espíritos superiores, facilitando a assistência que eles sempre nos proporcionam. Lúcia, porém, há muito tempo não orava, o que facilitou seu desagradável encontro com Pitu. Ele nada falou à médica; no entanto, ela o registrou na memória, despertando, no dia seguinte, com péssimas recordações. Logo pela manhã, Lúcia não hesitou em telefonar para Mário e narrar-lhe o ocorrido:

— Tive um pesadelo essa noite. Nossa, que horrível!

— E o que sonhou? — perguntou Mário, sem dar muita importância ao assunto.

— Sonhei com o Pitu. Ele me aparecia com vários ferimentos pelo corpo. Sua expressão facial era de ódio.

— Não ligue, Lúcia. Foi só um sonho.

— Mas foi muito forte, Mário.

— Mas foi só um sonho. Relaxe, Lúcia. Mais tarde conversaremos. Agora tenho um flagrante para realizar. Até mais...

— Até mais, querido.

A médica não se sentiu confortada pelas rápidas palavras do namorado. Achava que ele não tinha dado muita importância ao caso. "Mas quem sabe ele está com a razão", pensava. "Foi apenas um sonho, nada mais do que isso." No entanto, durante todo o dia, Lúcia não conseguia se desvencilhar das impressões negativas do terrível pesadelo. A imagem de Pitu não lhe saia da cabeça; era por demais assustadora a fisionomia do menor. Poucas vezes em sua vida ela havia visto tanto ódio estampado na face de uma pessoa. No fim da tarde, a médica estava ansiosa para encontrar Mário. Quem sabe aliviaria suas tensões nos braços do amado. Contudo, o encontro não foi possível, porque Mário ficou retido na delegacia tentando contornar uma rebelião de presos. Lúcia, sentindo-se desamparada, foi para casa, sozinha. Procurou distrair-se com a televisão, porém nenhum canal era capaz de prender sua atenção. Procurou um livro qualquer, mas não encontrou nem um sequer que lhe interessasse. "É melhor dormir", pensava. Como não tinha sono, tomou um calmante para relaxar e, afinal, adormeceu. Todavia, Pitu ali estava outra vez, esperando por ela. Como na noite anterior, Lúcia registrou o encontro, dessa vez mais forte, porque o menor prometia vingança, fazia ameaças de morte. Lúcia acordou transtornada, com o corpo suando em bicas; o relógio marcava quatro horas da manhã. Quis ligar para Mário em plena madrugada, mas não achou justo acordá-lo àquela hora. E passou o resto da noite sem dormir, aflita, sentindo arrepios inexplicáveis. Levantou-se, acendeu todas as luzes da casa, ligou rádio e televisão e procurou disfarçar a própria angústia.

Logo pela manhã, não teve dúvidas em ligar para o namorado:

— Mário, é você?

— Sim, Lúcia. Aconteceu alguma coisa?

— Tive outro pesadelo com aquele menor. Quase não dormi a noite toda.

— Isso não é problema, meu amor. Você ficou muito estressada com o caso e agora seu subconsciente deve estar liberando as tensões. Logo isso passa. Procure ficar tranquila... À noite nos veremos.

Lúcia chegou ao trabalho com visível abatimento. Seus colegas perceberam o extremo nervosismo em que ela se encontrava. Atentos, notaram ao longo do dia que ela começou a se comportar de uma forma muito estranha. Gritava com os pacientes, irritava-se com os funcionários. "Parece não ser um dia bom para ela", pensavam.

Pouco a pouco, Lúcia passou a sentir uma estranha aversão por Mário. Começou a notar os aspectos negativos da personalidade dele; o que antes era coragem passou a ser vaidade, orgulho. "Além do mais", pensava, "ele não é tão bonito quanto parecia, nem tem patrimônio que justifique um bom casamento. E parece muito mulherengo, vive rodeado de garotas a quem ele sempre demonstra gentilezas sem conta."

Lúcia estava realmente confusa. Estranhava aqueles pensamentos insistentes, como se alguém estivesse lhe fazendo a cabeça. E estava. Pitu dava inteira aplicação ao plano traçado por Torquato, com êxito. No final do dia, Mário encontrou-se com a namorada na porta do hospital:

– Quanta saudade, meu amor – falou Mário, abraçando sua amada.

– Nem parece que você teve saudades – falou a médica, bem irritada.

– Por que isso?

– Porque estou com problemas e você nem liga.

– Mas que problemas?

– Ora, está vendo como você nem está aí comigo?

– O que ocorreu, Lúcia? Diga-me, por favor!

— Meus pesadelos, ora. Há duas noites que não durmo e você nem deu importância.

— Ora, meu amor, não dei porque isso não é importante. Sonhos são fantasias, imaginações da nossa mente fértil. O fim de semana está se aproximando e eu prometo que vamos nos divertir muito e que você ficará muito bem. Combinado?

— Mas eu queria sair hoje, dar umas voltas, ir ao cinema. Não quero ir para casa.

— Hoje não é possível, Lúcia. Fiquei na delegacia a noite toda por causa da rebelião e emendei o dia com o plantão. Preciso muito dormir. Vou levar você para casa e amanhã nos veremos. Está bem?

— Não está. Você só está pensando em você.

— Não é isso, querida. É que preciso dormir, estou exausto. Vamos nós dois ter uma ótima noite de sono e amanhã estaremos bem melhor. O que precisamos é dormir.

Mário deixou Lúcia em casa e tomou o caminho do lar. Não via a hora de jogar seu corpo na cama. No trajeto, porém, sentiu que o carro começou a puxar para um dos lados; provavelmente, um pneu estava furado. Era a última coisa que Mário esperava. Àquela hora da noite, exausto, de paletó e gravata, ter de trocar pneu... Mas não tinha alternativa. O que ele, porém, não contava era que o plano de Torquato estava em pleno desenvolvimento. Jairo aproveitou aquele episódio aparentemente sem importância para colocar suas ideias em ação. Avistou-se com Pitu, que já estava na residência de Lúcia aguardando que ela dormisse. Jairo comentou seu plano com o menor:

— Vamos aproveitar que ela está fragilizada, com minhocas na cabeça em relação ao namorado, e semear mais confusão.

— Vá em frente, cara — falou Pitu, de acordo com o plano do companheiro.

Jairo se aproximou de Lúcia, projetando-lhe imagens mentais de Mário nos braços de outra mulher. A médica registrou o pensamento de Jairo e passou a acreditar que Mário poderia estar envolvido com outra pessoa. E o obsessor intensificou o ataque mental, projetando a ideia de que, naquele momento, Mário não estava em casa dormindo, como prometera. E Lúcia recepcionou a imagem, desconfiando do namorado. "Será que ele está em casa?", pensava. Teve o ímpeto de ligar, apoiada por Jairo e Pitu. E foi o que fez:

— Alô? Dona Ana?
— Sim. Quem fala?
— É a Lúcia.
— Oi, filha. Como está?
— Estou bem. A senhora poderia me chamar o Mário?
— Mas ele não está com você?
— Não, ele me deixou em casa há mais de uma hora.
— Bem, ele ainda não chegou.
— Está bem, dona Ana, diga que liguei e que depois falo com ele.
— Está bem, Lúcia, assim que o Mário chegar eu dou o recado.

Lúcia estava furiosa. De fato, suas suspeitas estavam certas: Mário a deixou em casa e foi para os braços de outra.

Não sabia, contudo, que Mário estava em plena rua trocando o pneu do carro e que tivera uma outra surpresa desagradável: o estepe estava murcho. Ele teve de ligar para a delegacia e uma viatura pegou o pneu para levá-lo ao borracheiro. Nesse ínterim, Lúcia, uma hora depois da primeira ligação, voltou a ligar para a residência de Mário:

— Dona Ana, é Lúcia novamente. E o Mário?

— Ainda não chegou, filha. Estou também preocupada.

— A senhora não deve se preocupar, porque ele deve estar nos braços de outra mulher. Diga a ele que não precisa me procurar nunca mais.

Lúcia bateu o telefone e não conseguiu conter o choro. Sentia-se traída, abandonada, no que Jairo fazia questão de colaborar com pensamentos similares. Mário chegou em casa uma hora depois, aproximadamente. Sua mãe narrou-lhe os telefonemas de Lúcia, deixando o filho preocupado. Ele tentou ligar para a namorada, mas Lúcia não atendeu a ligação. Ana aconselhou:

— Deixe isso para amanhã, filho. Agora já é muito tarde. Isso é coisa de mulher. Amanhã vocês conversam e tudo ficará bem.

— Eu espero, mãe, eu espero...

"Eu não acho que alguém queira viver com raiva, ressentimento, vergonha e culpa. No entanto, a maioria das pessoas não conhece o perdão como uma opção real."

ROBIN CASARJIAN (TERAPEUTA)

Ao chegar à delegacia, bem cedo, Mário imediatamente ligou para o hospital à procura de Lúcia, mas foi informado de que a médica não havia chegado. Era melhor esperar mais um pouco. Retomou suas atividades, embora a cabeça estivesse com os pensamentos voltados para a namorada. Depois de despachar vários inquéritos policiais, Mário tentou novo contato. A enfermeira atendeu a ligação e meio sem jeito disse que Lúcia não podia atender. Ela havia sido orientada pela médica a dar essa informação. No fim da tarde, Mário tentou mais uma vez; no entanto, recebeu a mesma desculpa. Insatisfeito, ele se dirigiu ao hospital; porém, quando lá chegou, recebeu a informação de que a médica já havia ido embora. Ele foi até a residência da namorada, viu o carro estacionado na garagem, porém ela não respondeu ao chamado.

Mário foi embora para casa, desanimado. Não conseguia compreender o comportamento da namorada, não havia dado nenhum motivo para que ela levantasse suspeita de sua fidelidade. Ele desabafou com a mãe, que o aconselhou a aguardar melhor ocasião para conversar com a namorada. Os dias se passavam, e Mário não conseguia conversar com Lúcia. A situação piorou quando soube que ela havia entrado de férias do trabalho. Mário conversou com uma enfermeira que trabalhava com Lúcia, obtendo informações preocupantes:

— A doutora Lúcia andava muito esquisita. Nervosa, passou a brigar com todo mundo. Emagreceu, recusava-se a comer. Estava muito pálida e notei que, nos últimos dois dias em que trabalhou, ela falava sozinha. Nem parecia a doutora Lúcia que nós conhecemos.

Agora, inspirada por Sálvio, a enfermeira arrematou:
— Se fosse o senhor, eu procurava alguma ajuda espiritual...
— Como assim?
— Sei lá, doutor. Não sei explicar ao certo, mas parecia que a doutora estava com o demônio no corpo. Deus me livre...
— Obrigado, Fátima, pelas suas informações.

À noite, Mário comentou com a mãe as informações prestadas pela enfermeira Fátima:
— Se é como ela falou, acho que você precisa procurar ajuda mesmo. Podemos ir à dona Lurdinha; que acha?
— Vamos agora mesmo, mãe. Eu não aguento mais essa situação.

Em meia hora, eles chegaram à residência de Lurdinha, que os recebeu com o costumeiro carinho. Mário narrou-lhe o drama e mais uma vez ela os convidou à prece. Antes da oração, ela entregou a Mário o mesmo livro que Lúcia leu quando esteve lá com o delegado e pediu que ele abrisse em qualquer uma das páginas e lesse um pequeno trecho. Ele abriu o livro ao acaso e deparou com a seguinte lição:

"Há na prática do perdão, assim como na do bem, geralmente, além do efeito moral, também um efeito material. Sabemos que a morte não nos livra dos nossos inimigos. Em muitos casos, os espíritos desejosos de vingança, no além-túmulo, movidos por seu ódio, perseguem aqueles contra os quais conservaram seu rancor. Por isso o provérbio que diz 'Morta a cobra, cessa o veneno' é falso, quando aplicado ao homem. O espírito mau aproveita o fato de que aquele a quem ele quer mal está ainda preso ao corpo, e, portanto, menos livre, para mais facilmente atormentá-lo e atingi-lo em seus interesses ou afeições mais caras. Essa é a causa da maior parte dos casos de obsessão, principalmente daqueles que apresentam uma certa gravidade, como a subjugação e a possessão. O obsediado e o possesso são, quase sempre, vítimas de uma vingança à qual eles deram motivo por sua conduta e cuja ação se acha numa vida anterior. Deus consente essa situação como uma punição pelo mal que fizeram ou, se não o fizeram, por terem faltado com a indulgência e a caridade, não perdoando."[9]

---

9. KARDEC, Allan. *O Evangelho Segundo o Espiritismo*. Capítulo 10, item 6. São Paulo: Petit Editora (N.A.).

Mário estava surpreso com o teor da mensagem lida. Parecia que a lição tinha alguma significação com o caso. Depois que Lurdinha terminou a prece, ela dirigiu-se a Mário, falando inspirada por Sálvio:

— Filho, você deve ter notado o que a mensagem dizia...

— Sim, percebi. Falava dos nossos inimigos.

— Mais ou menos isso. Sua Lúcia está sendo vítima de uma obsessão.

— E o que é isso?

— É o domínio que certos espíritos inferiores conseguem ter sobre algumas pessoas.

— Mas os espíritos influenciam nossa vida?

— Muito mais do que imaginamos, Mário. Muito mais...

— Meu Deus, eu jamais havia cogitado essa possibilidade.

— Você e a grande maioria das pessoas.

— E a senhora poderia dizer quem são esses espíritos?

— Não tenho condições de saber. Só posso dizer que são inimigos.

— E como combatê-los? Alguma sessão de exorcismo? – perguntou Mário, aflito.

— Não, filho, nada de exorcismo. Todos precisam de apoio e tratamento, vocês e os espíritos obsessores. Jesus pregou a reconciliação com nossos adversários, não o combate, a guerra.

— E o que devo fazer? A senhora poderia me ajudar? Por favor, dona Lurdinha, não me abandone!

— Tenho minhas limitações, filho. O caso exige a atuação de uma equipe especializada.

— E onde encontro uma?

— Num centro espírita. Conhece algum?

— Não, não conheço.

— Pois você precisará encontrar um, o quanto antes. Sinto que você será ajudado a encontrar. Ore e confie, pois os espíritos superiores estarão ao seu lado orientando seus caminhos. É só isso que posso fazer. Conte com minhas orações, Mário, e não tenha preconceitos de procurar uma Casa Espírita.

— Eu jamais pensei que um dia tivesse de procurar um centro espírita, dona Lurdinha. A propósito, qual é o título desse livro misterioso que a senhora pede-nos para ler?

— É *O Evangelho Segundo o Espiritismo*. Tenho certeza de que em breve você o terá nas mãos para ler e refletir sobre a profundidade dos ensinamentos de Jesus analisados à luz da Doutrina Espírita.

— Só espero sair dessa confusão, dona Lurdinha. Não aguentaria viver mais um dia sem a minha Lúcia.

Na manhã seguinte, Mário imaginava como conseguiria encontrar um centro espírita. Não queria se expor aos colegas, não saberia como eles reagiriam a essa ideia de Espiritismo. Enquanto pensava sobre o assunto, o escrivão o informou que havia necessidade de atender a uma ocorrência de um grave acidente de trânsito. As vítimas haviam sido levadas ao hospital e o motorista, embriagado, estava na delegacia, juntamente com as testemunhas. Mário iniciou o interrogatório e percebeu que o condutor do veículo estava totalmente alcoolizado, sem condições de oferecer depoimento. Passou, então, a ouvir as testemunhas. A última delas era Laércio, que narrou o acidente com riqueza de detalhes. Seu depoimento seguro, sua fala serena impressionaram o delegado. Mário prestou mais atenção em Laércio e viu que ele segurava um livro na mão. O delegado esticou o pescoço para descobrir o título do livro e, para sua surpresa, tratava-se do tal *O Evangelho Segundo o Espiritismo*. "Não é possível", pensava. Era muita coincidência. Ao término do depoimento, Mário pediu que Laércio aguardasse mais um pouco, chamando-o em sala reservada.

– Senhor Laércio, desculpe-me tomar o seu tempo, mas o seu depoimento me impressionou muito.

– Eu apenas relatei o que os meus olhos viram, doutor.

– Mas achei interessante que, apesar da falta gravíssima do motorista, o senhor não o condenou. Falou a verdade, sem rancor.

– Não sou ninguém para julgar.

– Perdão pela pergunta talvez indiscreta, mas o senhor já leu esse livro que traz nas mãos?

Laércio esboçou um sorriso e respondeu:

– É por causa desse livro que procuro não julgar meu semelhante.

– E o senhor é espírita?

– Perfeitamente, doutor. Há mais de vinte e cinco anos.

– E por acaso conhece algum centro espírita?

— É claro, doutor. Aqui mesmo em nossa cidade tem um, por sinal a casa da qual sou um dos dirigentes. O senhor teria algum interesse em nos visitar?

— Bem, não seria bem eu... É para uma amiga.

— Temos trabalhos às quartas e sextas-feiras, a partir das oito horas da noite. Se desejar ir, é só me procurar que teremos prazer em recebê-lo. Deixarei o endereço com o senhor e esperamos sua visita. Hoje é quarta, dia de assistência espiritual. Quem sabe ainda esta noite nos encontraremos.

Laércio estava certo. Naquela mesma noite Mário procurou ajuda no centro espírita. Ele chegou vinte minutos antes da hora marcada e ficou do outro lado da rua, observando o movimento das pessoas entrando no centro. Nada viu de suspeito. Diversas pessoas ali compareciam, das mais variadas classes sociais, homens, mulheres e crianças. Resolveu tomar coragem e entrou. Uma simpática senhora lhe deu as boas-vindas e pediu que ele aguardasse no amplo salão o momento da palestra. O ambiente era bem agradável, a suave música imprimia momentos de relaxamento e serenidade. Mário sentiu uma leve sonolência, só despertando no momento em que um senhor iniciou a pregação. Era o próprio Laércio, que fez pequena leitura do mesmo *O Evangelho Segundo o Espiritismo*, seguindo-se lúcidos comentários a respeito do tema. Mário acompanhava avidamente as explicações do orador, parecendo que aquelas palavras tinham o condão de suavizar sua alma aflita e entristecida. Após a pequena palestra, um grupo de pessoas se colocou para aplicação dos passes aos assistidos.

Explicou-se que o passe assemelhava-se a uma transfusão de sangue: uma substituição de energias negativas com a reposição de energias renovadoras. Mário sentiu-se muito bem ao receber o passe; acalmou-se, acendeu-lhe a esperança de recuperar o amor de Lúcia. No final dos trabalhos, um dos participantes da casa aproximou-se de Mário, convidando-o a dirigir-se a uma sala onde Laércio o aguardava.

Mário seguiu resoluto ao encontro do dirigente. Depois de sóbrios cumprimentos, Laércio colocou-se à disposição do delegado, e Mário narrou-lhe toda a problemática de Lúcia, seu encontro com Lurdinha e a recomendação para que procurasse um centro. Depois de ouvir atentamente, Laércio, intuído pelo irmão Luciano, dirigente espiritual da casa, fez as suas considerações:

— De fato, procede a informação de que Lúcia está sendo alvo de entidades inferiores. Ela está fortemente envolvida e temos de agir o quanto antes.

— E o que devo fazer? — perguntou Mário, preocupado.

— Amanhã estaremos reunidos espiritualmente em favor de nossa irmã. O senhor não precisa estar presente, basta que se mantenha em oração.

— E acha que vai dar certo?

— Nós somos apenas os trabalhadores, doutor Mário. A colheita do nosso trabalho pertence a Jesus, em quem devemos confiar, aguardando que o melhor se faça em benefício de todos os envolvidos. E não esqueça que o perdão é a melhor das terapias.

— Eu agradeço pelo que puderem fazer por Lúcia. Agora eu gostaria de saber quanto estou devendo pela consulta.

— Absolutamente nada. No Espiritismo, doutor, seguimos a orientação de Jesus de nada cobrar por aquilo que de graça recebemos.

— Ora, não diga!

— Agora, se o irmão quiser nos fazer um favor, leia *O Evangelho Segundo o Espiritismo*, maravilhoso livro em que você encontrará muitas respostas para suas dúvidas.

— Eu o farei com todo o prazer.

Ainda naquela noite, o irmão Luciano, Sálvio e Abel visitaram os aposentos de Lúcia e a encontraram profundamente abatida. Sem conseguir dormir havia duas noites, ela estava com os nervos abalados e não conseguia esquecer a ideia da traição. Chegou-se a notar que ela estava fortemente envolvida por Pitu. O obsessor insuflava-lhe a ideia de que deveria se vingar do delegado, e podíamos registrar que a médica começava a absorver esse infeliz pensamento em sua mente perturbada. O irmão Luciano aplicou-lhe passes calmantes que possibilitaram ao menos algumas horas de sono. Pitu percebeu que Lúcia estava recebendo algum tipo de ajuda, mas não identificou de onde vinham aqueles fluidos anestésicos. Abel não conseguiu conter a sua necessidade de aprendizado e dirigiu-se aos benfeitores para eliminar suas dúvidas:

— *Poderiam me explicar como Pitu conseguiu envolver Lúcia dessa forma?*

— Pela Lei de Afinidades, Abel — respondeu Sálvio. — Pitu encontrou em Lúcia condições favoráveis para exercer sua influência. Recorde-se, em primeiro lugar, que ela jamais perdoou Pitu, inclusive alegrou-se quando soube da morte do menor, fato que ela mesma desejou por diversas vezes. Lúcia não se recordou da página do Evangelho lida na casa de Lurdinha; lembra-se?

— Sim, me recordo que foi a respeito da necessidade da caridade para com os criminosos.

— Isso mesmo. Se ela tivesse aplicado a lição à sua vida, talvez tivesse escapado da obsessão, porque Pitu não encontraria nela uma brecha tão forte para envolvê-la. Mas, como em vez da caridade ela desejou a vingança, entrou na mesma faixa vibratória de Pitu, que também alimentava o desejo de se vingar de Mário. Além do mais, como Lúcia é muito ciumenta, possessiva, Jairo e Pitu conseguiram plantar cenas mentais de traição para que ela desconfiasse de Mário. Como ela já estava fortemente envolvida, foi fácil para os obsessores alterar seu discernimento.

— Isso me leva a pensar que a pena de morte é um grande equívoco!

— Exato, Abel. Mata-se o corpo, porém o espírito continua vivo e delinquindo no plano astral, engendrando novos crimes, desencadeando novas e perigosas obsessões. Você não imagina o que sucederá aos policiais que executaram Pitu. Estão sendo assediados por outras entidades perversas do grupo de Torquato. Não será surpresa ver um deles morto a qualquer hora, vítima de um grave acidente, de um tiroteio ou de uma bala perdida. Outros ainda poderão ser condenados injustamente por crimes *que não cometeram, mas que punem os delitos que a justiça terrena não conseguiu analisar a contento.*

– E como livraremos Lúcia desse envolvimento?

– Não será fácil. Teremos de envolver não só ela, como também o Pitu. De nada adianta livrar Lúcia das garras do menor se ela persistir em seu modo de vida. Tiraríamos o Pitu e outro assumiria facilmente seu lugar. Da mesma forma, se ajudarmos apenas Lúcia, Pitu voltará sua ação para outra pessoa. E isso não terminaria nunca. Vamos tentar amanhã uma atuação mais intensa de nossa parte.

"Depois de tudo, somos um, você e eu,
juntos sofremos, juntos existimos,
e para sempre recriaremos um ao outro."

Teilhard de Chardin

Na noite seguinte, quando o relógio da casa de Lúcia marcava nove horas, os trabalhadores do centro espírita estavam a postos em vibrações para que a equipe espiritual tivesse êxito no trabalho que se desenvolveria. Irmão Luciano, Sálvio e Abel encontravam-se, mais uma vez, nos aposentos da médica, que havia experimentado pequena melhora depois dos passes recebidos na noite anterior. Notamos, ainda, a presença de Letícia, protetora espiritual de Lúcia, que se irmanou aos demais trabalhadores do bem naquele momento tão especial. Pitu e Jairo também estavam no ambiente, embora não conseguissem identificar a presença daquela pequena assembleia de espíritos nobres. O irmão Luciano pronunciou sentida oração, rogando aos planos superiores da vida a assistência necessária para a recuperação daqueles espíritos endurecidos. O quarto todo se iluminou e um aroma de flores do campo tomou conta do ambiente.

Lúcia adormeceu e desprendeu-se do corpo, amparada por sua benfeitora Letícia.

Pitu e Jairo se assustaram com tamanha luminosidade, e os dois conseguiram ver todos os demais presentes. Jairo desapareceu em um segundo. Pitu, no entanto, não conseguiu escapar. Sálvio lhe dirigiu a palavra, com forte emoção:

— Não estamos aqui para admoestá-lo, meu irmão. Queremos oferecer nossa cooperação, a fim de que seus dias futuros não sejam marcados por tanta dor e tanto sofrimento. Queremos pedir a você que deixe essa nossa irmã e siga a senda do bem, em seu próprio benefício. É preciso perdoar os nossos inimigos, pois do contrário sempre estaremos presos à roda da vingança.

— Jamais perdoarei essa mulher, muito menos o delegado.

— E o que o irmão ganhará com isso?

— Não me importa. Quero vingança.

Quando Sálvio já não tinha mais palavras a pronunciar, notamos que o irmão Luciano, que se retirara por alguns minutos do ambiente, regressou com uma visita inesperada a Pitu. Aos poucos, ele foi capaz de reconhecer a querida irmã, que dele cuidou como se mãe fosse e que foi assassinada por uma gangue de traficantes. A emoção tomou conta do ambiente, pois os dois se permitiram um longo e carinhoso abraço.

— Dorinha, o que você faz aqui?

— Ah, Pitu, vim ajudá-lo. Sei que você não está bem.

— Não estou mesmo. A vida foi muito cruel conosco. Você foi assassinada, eu também. E como soube que eu estava aqui?

— Foi o irmão Luciano que me trouxe. Ele tem me ajudado muito: me recolheu assim que desencarnei, deu-me abrigo, orientação e trabalho. Foi ele quem me tirou das trevas, porque eu só pensava em aniquilar o cara que me matou. Mas isso não vale a pena, só aumenta nossa dor. É isso que vim dizer a você. Deixe essa ideia de vingança de lado, deixe que a própria vida cuide de acertar as contas com as pessoas. Ela não precisa de nós para cobrar de cada um aquilo que está devendo. Venha comigo, Pitu. O irmão Luciano me prometeu que tem lugar para você. Deixe mais uma vez eu cuidar de você, meu irmão.

O menor entregou-se aos braços da irmã, não resistindo ao apelo de amor que ela lhe dirigiu. Prometeu que abandonaria Lúcia, e naquela mesma noite seguiu em companhia de Dorinha. Lúcia presenciou toda a comovedora cena. Tudo o que Dorinha havia dito ao irmão aplicava-se a ela também. Era preciso mudar seus conceitos de justiça, era preciso reconhecer a necessidade de perdoar aqueles que nos ofendem.

Com uma prece realizada por Letícia, a assembleia se dissolveu. Lúcia recebeu novas energias restauradoras, e em poucos dias voltaria ao seu estado normal. No centro espírita, o irmão Luciano, pela voz de Laércio, transmitiu as derradeiras recomendações e acentuou ao grupo que o Evangelho de Jesus não é apenas um amontoado de regras religiosas, mas é sobretudo o código da ciência do bem-viver. Estavam encerrados os trabalhos.

Na manhã seguinte, Laércio procurou Mário e transmitiu-lhe as notícias da reunião:

– Fomos informados, doutor, de que a assistência prestada à sua Lúcia foi coroada de luzes espirituais. O amigo deve procurar a amada, que com certeza ficará contente com sua aproximação. Não espere que ela já esteja totalmente recuperada, mas pouco a pouco voltará a ser o que era. Mas, o tratamento espiritual deve continuar; assim que for possível, venha com ela à nossa casa.

– Eu espero que isso seja verdade, Laércio.

– Procure Lúcia para tirar suas próprias conclusões.

E foi o que Mário fez na primeira oportunidade. Comprou um arranjo de flores e foi à residência de Lúcia na hora do almoço. Tocou a campainha e aguardou. A empregada, sem abrir a porta, percebeu que era Mário, razão pela qual resolveu consultar a patroa:

– Doutora Lúcia, é o doutor Mário quem está tocando a campainha. O que faço?

A médica ficou em dúvida, não sabia se deveria atender. Pensou por alguns instantes e sentiu muita vontade de conversar com Mário. Estranhou que não estivesse sentindo tanto ódio por ele. Parecia que aquele amor de outrora ainda existia em seu coração. Enfim, mandou que ele entrasse. Mário surpreendeu-se com a possibilidade de rever sua namorada. "Talvez Laércio esteja certo", pensava. Mário ficou aguardando na sala por quase meia hora, até pensou que Lúcia houvesse desistido de recebê-lo. Mas que nada. Lúcia estava se maquiando para receber a também surpreendente visita. E, depois de vários dias de intensa saudade, Mário avistou a mulher de sua vida:

– Lúcia, meu amor, quanta saudade eu tenho de você.
– Mário, você ainda me ama?
– É claro, querida. Nunca deixei de amá-la.
– Nunca me traiu?
– Jamais, Lúcia, jamais. Deve ter ocorrido algum mal-entendido, mas eu nunca trocaria você por nenhuma outra mulher.
– Não sei ao certo o que se passou comigo, Mário. Eu me sentia muito estranha, tinha um pensamento fixo de que você estava me traindo, e, depois daquela noite em que liguei para sua casa e você não estava, fiquei certa de que você havia me trocado por outra.
– Mas naquela noite a única coisa que troquei foi um pneu do carro!
– Nossa, como fui tola... Você me desculpa?
– É claro, querida. E, além do mais, preciso lhe contar mais alguma coisa a respeito do que realmente ocorreu com você.

Durante toda aquela tarde, Mário ficou em companhia de sua amada e explicou tudo o que havia ocorrido; narrou-lhe os detalhes de seu encontro com Lurdinha e de sua ida ao centro espírita. Lúcia admitiu a possibilidade de ter sido envolvida espiritualmente e não teve dúvidas de que Pitu era o obsessor. Os dois se programaram de frequentar o centro espírita, a fim de que pudessem compreender melhor o assunto. Jamais esqueceriam os inegáveis benefícios que a Doutrina dos Espíritos havia lhes proporcionado. E isso se deu. Nos meses seguintes, Mário e Lúcia tornaram-se assíduos frequentadores do centro espírita e adquiriram novos conhecimentos por meio do estudo das obras espíritas. Compreenderam que a vida não cessa com a morte, entenderam que o espírito é um viajante da eternidade, a quem se possibilitam infinitas oportunidades de aprendizado ao longo das vidas sucessivas. Assimilaram que somos responsáveis por nossos atos e pensamentos, os quais desencadearão reflexos que nós mesmos colheremos. Perceberam que o perdão é eficaz terapêutica para os relacionamentos humanos, desarma os corações, alivia as tensões e desata as amarras do ódio.

No conhecimento da Doutrina Espírita foi que Mário descobriu a fonte em que seu antigo professor Otaviano buscava vários dos ensinamentos ministrados. Foi maravilhosa a descoberta. Havia tempos não via o velho mestre, sentia que devia lhe fazer uma visita. Mas o destino quis o contrário, pois cuidou para que o professor visitasse antes o aluno, em condições surpreendentes. Numa noite no centro espírita, Mário e Lúcia estavam no salão aguardando o início da palestra. Laércio assumiu a tribuna e anunciou que naquela noite teriam a presença de um ilustre orador, profundo conhecedor da Doutrina Espírita, que faria a explanação do Evangelho. Todos aguardavam a palavra do convidado anunciado, quando então, da primeira fileira, levantou-se alguém que Mário conhecia. Era o saudoso professor Otaviano, que assumia a tribuna com a mesma eloquência, a mesma sabedoria e a mesma clareza dos tempos da faculdade.

— Minhas senhoras e meus senhores, Jesus nos dê a sua paz. Honra-me a direção desta casa em conceder-me a palavra. Nos mais de quarenta anos de exercício da magistratura, e já no final da carreira, vivi diversas situações de imenso aprendizado. No início, ainda jovem, orgulhava-me da posição que tinha, exigia o máximo respeito à minha autoridade. Pouco a pouco, porém, graças às luzes do Espiritismo, fui entendendo que eu, na verdade, não era um juiz, mas eu "estava" juiz, o que é muito diferente. Percebi, não muito cedo, que o título de magistrado havia me sido dado por Deus para dele usar em favor do meu semelhante. E todos nós fomos brindados com algum talento para usarmos em benefício do próximo. Deus me chamou para colaborar na área da justiça, a outros chamou para ajudar na área da saúde, da política, da educação, das artes, etc. O Espiritismo me deu a noção de que esse poder que me foi dado é transitório, efêmero. Um dia terei de prestar contas do que fiz com as oportunidades que me foram concedidas. Na verdade, nós todos seremos chamados a essa inevitável prestação de contas. Ouvindo relato dos espíritos já desencarnados, ficamos sabendo que a maior agonia que se tem do outro lado da vida é a sensação do tempo que se desperdiçou aqui no plano físico. Muitos lamentam que perderam tempo, que nada produziram, que se prenderam a coisas insignificantes. Por isso é que estou a cada dia tentando melhorar os meus julgamentos, certo, porém, de que minhas deficiências ainda são muitas. A minha mensagem nesta noite é para você que está aí pensando na vida, com as mãos vazias. Olhe o tempo passar, veja o que você está construindo. Faça as coisas com amor, liberte-se da rotina de fazer sempre tudo igual. Quem faz com amor, sempre faz diferente, faz com mais empenho. Se você é pedreiro, então assente cada tijolo com muita alegria, desejando todo o bem a quem vai morar naquela casa. Se você é médico, então atenda bem seus pacientes, olhe nos olhos deles, veja mais do que o corpo, sinta também a alma que pode estar enferma. Se você é dona de casa, enfeite o seu lar com os recursos da gentileza, do perdão e da tolerância, e não esqueça que os filhos são pequenas sementes que Deus nos confiou no solo da vida. Se você é cantor, então cante com mais alegria, com mais emoção, para que todos que ouçam a sua voz possam reconhecer a beleza que é a vida. Se você é advogado, então defenda seus clientes com toda a justiça que você queria para si próprio, pois na vida nunca se sabe quando se é autor e quando se é réu. Enfim, meus amigos, a vida é a nossa escola de aprendizado, e cada um está na sala de aula que precisa estar. Amanhã mudaremos de escola, de classe, de professor, mas seremos sempre eternos aprendizes. Muita paz em nosso coração.

A emoção tomou conta de Mário; parecia que ele voltara aos bancos da faculdade. Acercou-se do professor, que também se surpreendeu com a presença do antigo aluno:

– Mário, meu filho, há quanto tempo não o vejo. Que surpresa encontrá-lo aqui!

— A surpresa foi minha, professor. Quando conheci a Doutrina Espírita, pude entender muita coisa que o senhor por vezes tentava me dizer. E hoje, mais uma vez, nos brindou com belíssimas palavras. Aliás, como sempre, o senhor tem o dom de emocionar.

— Minha alegria é dupla, Mário. Primeiro por revê-lo; segundo por encontrá-lo estudando o espiritismo.

— E será completa quando conhecer a minha futura esposa.

— Não me diga que está para casar!

— Exatamente, professor, e o senhor já se considere o meu primeiro convidado.

— Mas e a noiva, onde está?

— Está lá no fundo do salão. O senhor gostaria de me acompanhar?

— É claro, vamos conhecer essa mulher de sorte.

Quando, porém, Mário se aproximou de Lúcia, notou que ela estava cabisbaixa e com os olhos marejados. Meio sem jeito, ele fez as apresentações:

— Lúcia, este aqui é o meu querido professor Otaviano.

Um profundo silêncio tomou conta do ambiente. Otaviano e Lúcia se olharam demoradamente, e Mário não entendia o que estava ocorrendo. Intrigado, ele se dirigiu ao professor:

— O senhor por acaso conhece Lúcia?

— Conheço, Mário. Lúcia é a filha a quem amo profundamente e a quem o destino quis entregar nas mãos de um homem que também considero meu filho.

Pai e filha se entregaram num abraço que havia muito tempo não se registrava. Mário, emocionado, abraçou os dois e deu graças ao Criador por ter colocado em seu caminho duas pessoas tão especiais. Abel não conseguiu conter as lágrimas, e Sálvio pediu para dizer as últimas palavras:

— *Meus amigos, com esta singela história, queremos desejar que cada um possa meditar profundamente a respeito da vida. Não tivemos o desejo de convertê-lo a nada, apenas quisemos que você pensasse que a justiça vai além das fronteiras da vida. Os vários personagens que desfilaram por estas páginas poderão nos ajudar a compreender melhor a nossa vida e a relação que ela tem com todos os nossos gestos, palavras, sentimentos e pensamentos. A justiça não é apenas uma organização, uma instituição. Ela está dentro de nós, guiando os nossos passos e corrigindo os nossos caminhos quando nos desviamos das leis divinas. Não esqueça que você é o seu próprio juiz, pois sempre se defrontará com os espinhos que semear ou com as flores que plantar. E a única lei que realmente vale é a Lei do Amor, a Constituição Divina que um dia todos nós aprenderemos a respeitar.*

FIM

Às vezes, a vida só nos dá uma opção: recomeçar!

Um romance envolvente...

Laura apaixonou-se por Afonso, um jovem atleta. Ela é fiel, não divide seu coração. Ele a ama, mas é volúvel: às escondidas, entrega-se aos vícios, até que uma gravidez os conduz ao casamento. Tempos depois, a obsessão, o perigo invisível, ronda o lar da família. Da forma mais difícil, Laura aprende que sempre é possível amar... e recomeçar!

Best-seller da Petit Editora!

Av. Porto Ferreira, 1031 - Parque Iracema
CEP 15809-020 - Catanduva-SP
17 3531.4444
www.petit.com.br | petit@petit.com.br
www.boanova.net | boanova@boanova.net